# 녹시

도서출판말씀

님,

내 안의 눈물

당신께 이 시집을 바칩니다

예수의 생명에 물든 푸른 나무

## |시인의 말|

녹시는 하나님을 찾는 사람의 목마름이고
말씀을 의지하여 벙글었는데
말씀은 곧 시의 뿌리였습니다

말씀의 혈맥이 시의 혈맥에 닿고
말씀의 숨결이 시의 숨결에 이어져
말씀이 육신이 된 신의 사랑과 정의를 그렸습니다

시평은 우리 시대의 논객이신 김상길 시인께서
불면에 피말려가며 쓰신 우레 입니다
그 막강한 필력과 영력에 놀라
토씨 하나 건드리지 못했습니다

또 다른 시평은
기독교 문학의 대가이신 홍문표 시인께서
천문학자가 별을 관찰하듯이
시를 구조적으로 분석하시어 보석함을 만드셨습니다

산고로 책을 펴 낸 유화선 발행인이
표지그림도 몸의 잔고를 바닥 내어 그렸습니다
죽음에서 깨어난 푸른 나무엔
그리움이 가지가지 펴졌습니다

이 겨울 순수무구한 녹색의 불길이 함박눈 처럼
말씀을 사모하는 모든 가슴 속에 번지기를 소원합니다

님이 오신 날
정연홍

| 차례 |



## 묶음 1

# 묶음 2

# 묶음 3

## 묶음 4

# 묶음 5

## 묶음 6

## 묶음 7

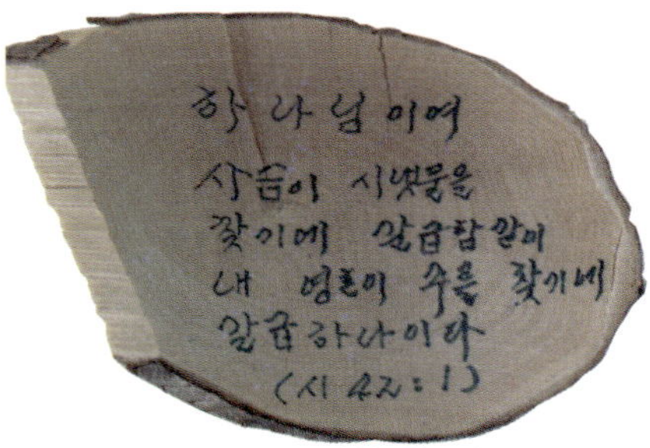


말씀 한 잎

다래다래 열린 그리움

# 묶음 1

# 시(1)

시는

늘 품고 다니며
벼리고 갈고 닦는

말씀의 칼 끝

폐부를 찌르고
관절을 잘라

핏덩이 언어로
거룩한 뜻을 새기며

마음을 열고
영혼을 갈라

간절한 영으로
견고한 사랑을 파는

신(神)의 끌

ㅁ하나님의 말씀은 살았고 운동력이 있어 양날 선 어떤 검보다도 예리하여 혼과 영과 관절과 골수까지 찔러 쪼개기까지 하며마음의 생각과 의도를 감찰하나니(히4:12)

# 시(2)

무구한 이가
청맹과니인 나를

긴 터널 속에 두고
자취도 없이 사라져

그의 이름을 부르며
어둠을 노저어 나왔다

그를 볼 수 없어도
마음 속에 꽂불 켜고

비난의 언덕과
조소의 골짜기를 지나

그가 사는 곳을 향하여

사랑을 지팡이로
그리움의 길을 걷고 걷다보니

시의 웃음소리가 들린다
님의 목소리가 보인다

ㅁ시로 그를 향하여 즐거이 부르자(시95:2)

# 색(色)연필

시인은
하늘의 얼굴을 그리는
형형색색의 연필

물안개 피는 호숫가에선
은빛 이슬 머금고

싱그러운 숲속에선
초록빛 편지를 쓰고

노을 홍건한 나루터에선
연짓빛 음성을 싣고

그리움 묶인 휴전선에선
청동빛 울음 담는다

세월의 백지 위에서

□아릿따운 말이 내 마음에 넘쳐흘러 임금님께 내 시를 읊어드리나이다
내 혀는 능숙한 속기사의 붓이옵니다(시45:1)

# 고독

사람은
혼자 있어서 고독한 것이 아니라

서로 깊이 느끼고
서로 깊이 생각하는

상호인식이 없어
고독한 존재다

못자국 난 손과 손을 맞대면
피가 통하는 진실

가시관에 가슴이 찔리면
다시 뛰는 심장

내 기억이 나를 떠날 때에도
내 영혼이 사모할 긍휼

그 영원자의 사랑을 받는 사람
그 영원자의 진리를 얻는 사람

그에게 고독은 없다

ㅁ... 외로운 자가 주를 의지하나이다(시10:14)

# 영혼의 시

가시관에서
떨어지는
핏방울이

한 방울
한 방울

가슴에 떨어져
핏물 들면

시어(詩語)를 입은
붉은 눈물이

줄줄이 흘러서

해맑은 행이 되고
빛부신 연이 되어

한 편의 지순한 시가
깊은 영혼을 채운다

□율법에 따르면 거의 모든 것이 피로써 깨끗하게 되나니(히9:22)

# 편지

깊은 밤
또박 또박

그리움을 꼭 꼭 찍어

하이얀 설레임 위에
절절한 사연을 푼다

새벽이면

잘 발효된 마음
기도로 봉한다

편지에서
물기가 스민다

축복이 흐른다

□장로인 나는 사랑하는 가이오 곧
내가 참으로 사랑하는 자에게 편지하노라(요한3서 1절)

# 밤기도

밤이 깊을수록

얼굴의 윤곽이 더 뚜렷하게 보이고
심정이 더 속속들이 헤아려지며
뼛속 깊은 신음까지도 더 가까이 들려

졸지도 주무시지도 않는 분과

곤한 잠을 깨워
절원과 비탄을
주고 받으며
밤을 지새우고 싶은 것이다

푸른 그리움을 업고
야곱의 뼈저린 기도로
하늘 길을 내어
얍복강을 건너가고 싶은 것이다

ㅁ이스라엘을 지키시는 이는 졸지도 아니하시고 주무시지도 아니하시리로다(시121:4)
ㅁ밤에 내 영혼이 주를 사모하였사온즉 내 중심이 주를 간절히 구하오리니(사26:9)

# 기도산

하나님이 장소에 제한을 받으시던가

이 우주 공간에 충만하신 분이
이 산 저 산에 주소를 정하시겠는가

그럼에도 굳이 한 곳을 정하여
머나 먼 길을 떠나는 것은

세상에선 볼  수 없는
그리운 얼굴들이 떠오름이라

이 세상 어디 한 군데
깨끗한 곳이 있으랴마는

가끔은 아주 가끔은
순결한 영혼을 찾을 수 있음이라

뼈 마디마디 저리는 기도를 들을 수 있고
산 골짝 골짝 울리는 마음을 읽을 수 있음이라

□예수께서 나가사 습관을 따라 감람산에 가시매 제자들도 따라 갔더니
그곳에 이르러 그들에게 이르시되 유혹에 빠지지 않게 기도하라(눅22:39,40)

이글거리는 영혼의 광휘

# 묶음 2

# 제자 사랑

자신을 잡히고
제자들을 보내라 하신
놀라운 사랑은

거듭되는 베드로의 부인도
거듭되는 유다의 배신도

막을 수가 없었다

유월절 식사에서

제자들이 함께 먹었던 것은
빵이 아니라 님의 살이었고

제자들이 함께 마셨던 것도
포도주가 아니라 님의 피였다

2천여년의 세월에 이끼가 끼어도
2천여년의 바람에 풍화가 되어도

님은

또 다른 베드로를 부르시고

또 다른 유다를 찾으시리라

사랑은 사랑 외에는
다른 이름을 알지 못하리라

ㅁ예수께서 대답하시되 너희에게 내가 그니라 하였으니
나를 찾거든 이 사람들이 가는 것을 용납하라 하시니(요18:8)

# 아프칸의 순교자들

방탄용 조끼를 입는
보안경비 시대에
그들은 한 알의 밀알로 살았다

이익을 계산하는
기업화 시대에
그들은 희생을 계산했다

순교할 필요가 없는
다신론 시대에
그들은 유일신 신앙을 지켰다

숫자가 지배하는
대형화 시대에
그들은 한 마리 잃은 양을 찾아 나섰다

그들은 고독한 단독자로
한 분 하나님만을 끌어 안은 채
사막에서 총탄에 쓰러졌으나

변하지 않는 것을 붙든 사람들이
변하는 세상을 변화시킨다

□너희는 이 시대를 본받지 말고 오직 마음을 새롭게 함으로 변화를 받아
하나님의 선하시고 기뻐하시고 온전하신 뜻이 무엇인지 분별하도록 하라(롬12:2)

가장 눈물겨운 시

## 사랑은 부활

채찍에 맞는 아픔보다
더 뼈저린 아픔은

알고는 있었지만

한 솥밥을 먹었던
식구들의 배신이었으리

원수들의 희롱보다
더 부끄러운 수치는

그러려니 했었지만

고락을 함께 한 사람들의
영을 떠난 육의 도주였으리

가시관을 쓰는 고통보다
더 괴로운 고통은

생각은 했었지만

자신을 가장 잘 알던
제자들의 부인이었으리

십자가에 달림 보다
더 비참한 형벌은

영혼을 바친 깊은 사랑이었지만

불꽃같은 눈으로 살피시는
하늘 아버지의 깊은 침묵이었으리

팔려가서
조롱당하고
고통받고
버려져도

한 분만을 의지하였기에

그의 절망에서
나의 소망을 얻었고

그의 죽음에서
나의 생명을 얻었다

□ ...나의 하나님, 나의 하나님, 어찌하여 나를 버리셨나이까(마태27:46)

# 마중물*

내 속에 시의 샘이 있어
하늘이 잔잔히 흐르고
수풀이 우거져

밤이면
별똥별이 떨어지고
새가 깃든다

시에 목마른 나는
시도 때도 없이
샘물을 떠서

조롱박에선 생생한 시어들이
솔빛처럼 푸르다

떠내고 떠내어
시샘이 고갈될 때
마중물을 부으면

시샘은 다시 샘솟아
시어들이 넘쳐 나고
은하수를 드리운다

바닥을 모르는
이 마중물의 근원은 예수다

*마중물-펌프로 물을 퍼 올리기 전에 그 속에 미리 붓는 한 바가지의 물

ㅁ내가 주는 물을 마시는 자는 영원히 목마르지 아니하리니
내가 주는 물은 그 속에서 영생하도록 솟아나는 샘물이 되리라(요4:14)

# 화음

길이신 그분과 함께 걸으면

만나는 모든 사람이
길 가는 나그네

진리이신 그분과 함께 생각하면

들리는 모든 음성이
절절한 시

생명이신 그분과 함께 살면

어리는 모든 숨결이
하늘의 입김

□내가 곧 길이요 진리요 생명이니
나로 말미암지 않고는 아버지께로 올 자가 없느니라(요14:6)

# 아기 예수

가장 높은데서 온
가장 낮은 마음

가장 부요한데서 온
가장 가난한 아기

가장 순결한데서 온
가장 참혹한 어린 양

만왕의 왕만이
자신을 낮출 수 있어

만군의 주만이
세상을 이길 수 있어

만유의 주만이
생명을 구할 수 있어

사랑은
가장 높은 데서 내려와
가장 낮은 데에 자리를 편다

ㅁ사람의 모양으로 나타나사 자기를 낮추시고 죽기까지 복종하셨으니
곧 십자가에 죽으심이라(빌2:8)

# 가장 아름다운 왕께

아리따운 말이 마음에서 우러나와
내 노래를 왕께 읊어드리나이다

은혜를 머금은 당신의 입술은
이슬이 뒹구는 장미보다 우아합니다

말씀이 날선 당신의 검은
눈부신 햇빛보다 찬란합니다

진리와 온유와 공의로 엮은 당신의 영광은
궁창의 별빛보다 영원합니다

공평한 당신의 왕홀은
해맑은 달빛보다 순결합니다

정의를 사랑하고 불의를 미워하는 당신의 면면은
어떤 세상의 왕보다 수려합니다

인격이 풍기는 당신의 향기는
산곡의 백합보다 향기롭습니다

ㅁ시편45:1~8 참조

# 새벽별

은하수 밤 하늘에 떨며
조용히 흐르는 밤이면

새벽별 뜰 때 까지
달빛 한자락 깔고 앉아
가장 눈부신 분과 마주한다

별의 사유가 푸르름으로 번지면
마음은 님의 촉촉한 편지가 되고

별의 눈물이 그렁그렁 떨어지면
마음은 님의 자비로 물들며

별의 지혜가 초롱초롱 빛나면
마음은 님의 생명으로 일렁이고

별의 영광이 어둠을 깨뜨리면
마음은 님의 소리로 노래한다

ㅁ나는 다윗의 뿌리요 자손이니 곧 빛나는 새벽별이라 하시더라(계22:16)

# 주 바라기

해바라기가 해를 바라보며 키가 자라듯
내 영혼이 주를 기다리며 성숙합니다

한 줄기 한 바람으로 주를 우러러
한 잎 한 잎 푸르름으로 만나 물결치는 그리움입니다

한 겹 한 겹 금빛 꽃잎으로 피어나
한 알 한 알 까맣게 영그는 사랑입니다

오늘도 내일도 오래오래 주를 사랑합니다

ㅁ여호와 하나님은 해요 방패이시라(시84:11)

시인은 하늘나라의 시계

# 흔적

도장을 인주에 찍어 서면 위에 누르면
그 주인의 이름이 선명하게 살아나듯이

옛날 노예의 주인은
종의 몸에 낙인을 찍어
자신의 소유임을 증명했는데

하나님의 종은 몸에
주님의 흔적이 있었다

예수의 흔적은 못자국이었고
바울의 흔적은 예수를 닮은 삶이었다

예수는 하나님의 본체시나
종의 신분으로 십자가에서
자신을 산채로 드렸고

바울은 예수를 증거하다가

수고를 힘겹게 했고
매질을 수없이 당했고
감옥살이에 이골이 났고
죽을 고비도 여러 번 넘겼으며

배가 세 번이나 난파되어
밤낮 하루를 깊은 바다 위에서
깜박깜박 지낸적도 있었으며

노동과 고역에 시달리며
수많은 밤을 뜬눈으로 지새웠고
주리고 목말랐으며
춥고 헐벗었어도
다함없는 눈물로 주님을 섬겼다

<흔적>

예수의 종으로서
자신을 비운 바울은

주님과
하늘 나라의 사랑이
뜨겁게 넘쳐나
피의 복음을 전했다

삶과 죽음이 예수였고
숨소리가 예수의 사랑이었다

매일 주를 위해 살매
그 몸에서
매일 예수의 이름이 각인되었고

매일 주를 위해 죽으매
그 몸에서
매일 예수께서 사셨으며

매일 주를 위해 눈물을 떨구매
그 몸에서
매일 예수의 피꽃이 낭자해

경주 끝까지 달렸던 혈로(血路)

그 위에 찍힌 발자욱은
그의 것이 아닌
예수의 흔적

ㅁ이후로는 누구든지 나를 괴롭게 하지 말라
내가 내 몸에 예수의 흔적을 지니고 있노라(갈6:17)

# 생각

솔로몬의 모든 영화보다
한 송이 들꽃에 눈길 주신 당신께

내 어찌 붉은 가슴 되어
당신을 우러르지 않으리이까

내 어찌 진한 향기 되어
당신을 드리우지 않으리이까

모든 생각이 당신인 것을

ㅁ잠자리에 들어서도 당신 생각 밤을 새워가며 당신 생각 뿐(시63:6)

말씀은 보금자리

# 묶음 3

# 산 떡

말씀 한 켜 깔고
하늘 한 켜 얹어
기도의 열탕 속에 끓이면

말씀 한 자 한 자
속속들이 뜸들어
달고 오묘한 맛이
포실 포실 살아나

말씀 입은 님의 몸이
푸짐한 떡으로 쪄지고

말씀 녹은 님의 피가
달콤한 팥고물로 불어나

이 댁에도 한 조각
저 댁에도 한 조각

익은 사랑이 담기고
진한 생명이 고인다

ㅁ내가 곧 생명의 떡이니라(요6:48)

# 꿈과 말씀

하늘로부터 온 꿈은
믿음 깊은 사람에게 잉태된다

진주가 자기 살을 먹고 살듯이
꿈은 말씀을 먹고 자라므로

사람이 꾸는 꿈은 이내 사라지지만
하늘이 주는 꿈은 말씀을 딛고 선다

하늘은 소원을 이루기 전에
사람의 마음 속에 꿈을 그려 놓고

말씀으로 간절히 기도하게 하시니
말씀이 곧 꿈이다

□너희 안에서 행하시는 이는 하나님이시니
자기의 기쁘신 뜻을 위하여 너희에게 소원을 두고 행하게 하시나니(빌2:13)

# 말씀교회

푸르른 말씀따라
푸르청청
기도하는 집

별빛이 내리고
달빛이 가득한
생명샘

굽이치는 말씀으로
영혼이 여울치는
빛여울

나는 밤마다
그리움으로 흐르다
그만 간절함을
떨어트려 놓았네

하늘 아래 제일 축복된 땅에
하늘 아래 제일 찬란한 땅에

나의 꿈을 심었으니

꽃이 되어

## 말씀이신 당신을
## 피워내리라

□이 말씀은 곧 하나님이시니라(요1:1)

## 말씀 바다

말씀이
부슬부슬 내리는
바닷가에서

말씀의
그물을 던져
가지각색의
곤고한 생을
건지시는 분

말씀의
배를 띄워
형형색색의
가난한 마음을
담으시는 분

그분을 만난
깊고 푸른
갈릴리 바다는

그분의
아름다운 모습을 담아
말씀으로 물든다

□나를 따라오라 내가 너희로 사람을 낚는 어부가 되게 하리라(마태4:19)

진주보다 더 고운 예수

# 육신이 된 말씀

무한한 말씀이
유한한 육신이 되었다

불멸할 독생자의 영광이
소멸할 육신에 나타났다

살과 피가 없는 영혼이 어디 있으랴
고통과 눈물 없는 부활이 어디 있으랴

천국은
제한된 내 안에서 시작되어
무제한의 아버지 나라에서 완성된다

영원은
육신이 된 말씀 속에 있고

영생도
육신이 된 예수 속에 있다

ㅁ말씀이 육신이 되어 우리 가운데 거하시매 우리가 그의 영광을 보니
아버지의 독생자의 영광이요 은혜와 진리가 충만하더라(요1:14)

# 말씀의 집

어린이들은
고사리 같은 손을 휘저으며
연둣빛 소망을 잡으러 오고

젊은이들은
아직 받지 못한
핏빛 사랑을 찾으러 오고

어르신들은
세월을 이고 지고
노을빛 믿음을 받으러 온다

□주의 집에 사는 자들은 복이 있나니
그들이 항상 주를 찬송하리이다(시84:4)

생명의 환희

# 묶음 4

# 핏줄

내 피가 흐르는 네가 사랑스럽고
내 눈물이 적시는 네가 아름답구나

내 심장으로 뛰는 네가 소망이고
내 생명으로 사는 네가 꿈이구나

너는 나의 가장 뼈저린 고통
나는 너의 가장 찢기는 아픔

너는 나의 사랑의 질곡
나는 너의 슬픔의 심연

너와 나의 관계는

하늘이 맺어준 천륜

하늘이 이어준 핏줄

누가 이 천륜을 벗을 수 있으랴

누가 이 핏줄을 끊을 수 있으랴

ㅁ누가 우리를 그리스도의 사랑에서 끊으리요
환난이나 곤고나 박해나 기근이나 적신이나 위험이나 칼이랴(롬8:35)

# 그 분의 목마름

그분은
속이는 시내처럼 생수가 바닥난
산 속 눈밭 속에서도
옹달샘의 숨겨진 진실을 찾으시고

그분은
거짓말이 모래알처럼 널려있는
해변 모래밭 속에서도
진주 조개의 감춰진 눈물을 읽으신다

그 순결한 숨결에
당신의 고독이 숨쉬고

그 절절한 호소에
당신의 가슴이 동한다

비록 서툴고 어눌한 이야기지만
그 떨리는 고백에
당신의 심장이 뛰고

그 맑은 마음에
당신의 얼굴이 젖는다

□모든 사람이 거짓되더라도 하나님은 진실하시다(롬3:4)

## 사랑은 정의

밀 이삭을 비비는
아들의 설움이
아버지의 눈물일진대

땅 한평 없었던
아들을 생각하는
아버지의 마음은
얼마나 미어졌을까

흠도 티도 없는
아들을 못 박을 때
아버지의 심장은
얼마나 떨렸을까

그 통증의 시간들을
그 슬픔의 시간들을

가난한 사람을 위해
가난하게 살았고

상처난 이를 위해
상처를 입었고

죄인을 구하기 위해
죄인으로 죽었다

사랑은 정의

정의로 밖에는
세울 수 없는
사랑의 십자가

□그 때에 예수께서 안식일에 밀밭 사이로 가실새
제자들이 시장하여 이삭을 잘라 먹으니(마태12:1)

## 금언은 눈물 한 줄

금권 따라 법은 바뀌어도

사랑의 바다에는
정의가 출렁이고

사랑의 숲에는
진리가 노래한다

금리 따라 증인은 변해도

사랑의 법정에는
정의가 재판장이고

사랑의 판결에는
진리가 생명이다

금맥 따라 문서는 위조되도

사랑의 나라에는
정의가 힘이고

사랑의 궁궐에는
진리가 왕이다

금언은 눈물 한 줄

“하나님은 사랑이시다”(요일4:16)

나의 모든 보배는 말씀

## 탄원시

당신께서 나를
물 속에도 넣으시고
불 속에도 넣으시나

내가 깊은 물 속에서
나올 때는

악어떼에게 뜯겨
허무하게
뼈만 남는다 할지라도

군더더기 없는
뼈대 있는 시인으로
나오게 하사

마디마디 의로운 당신을
올곧게 그리게 하소서

내가 뜨거운 불 속에서
나올 때는

가슴의 상처로
허망하게

옹이만 남는다 할지라도

찌꺼기 없는
구슬같은 시인으로
나오게 하사

알알이 눈부신 당신을
뜨겁게 노래하게 하소서

ㅁ나의 가는 길을 오직 그가 아시나니
그가 나를 단련하신 후에는 내가 정금같이 나오리라(욥23:10)

## 다섯개의 물매돌

당신의 진실과 정의의 두 날개 아래
제가 떨며 서 있습니다

세상은 저의 원수입니다

하오나
뉘라서 세상을 이길 수 있사오리이까

첫번째 물매돌은 빗나갔고
두번째 물매돌은 스쳐갔고
세번째 물매돌은 엇나갔습니다

구하옵기는

네번째는
저의 사무친 시의 물매에
하늘이 담긴 돌을 얹으사
예수의 이름으로
세상의 탐욕에 명중하게 하소서

마지막 가장 아픈
다섯번째 물매돌은

비장의 무기로
당신의 전능한 손에 맡깁니다

고르고 진실한
당신의 판결은
시보다 아름다워
교만한 세상을 울릴 것입니다

□내 손을 가르쳐 싸우게 하시니 내 팔이 놋 활을 당기도다(시18:34)

□...세상에서는 너희가 환난을 당하나 담대하라 내가 세상을 이기었노라(요16:33)

기다림의 끝에서 당신은 오십니다

# 묶음 5

# 분노의 강

검은 슬픔을 걸친
과시용 장례 행렬엔

온통 꽃으로 장식한 선도차가
까마귀처럼 죽음을 알리며 떠나고

이어서 집채 만 한
때깔 좋은 승용차에는
시신을 안치하고

제 배만 채우는 상주들이
독수리처럼 먹이를 찾아
몸체를 구부리며 탄다

그 뒤로 대형 리무진에는
잇속 빠른 장례위원들이 들어서고
약삭 빠른 조객들은 호상이라며
소풍가는 아이처럼 즐겁게 오른다
가슴앓이 하는 겨울강을 지날 땐
유람선을 탄 듯 희희낙락이지만

분노의 강은

부글
부글

세차게 끓어 오른다

치지직
치지직

가슴이 탄다

후드득
후드득

분노가 튄다

"너희는
가난한 사람들의 소송을 외면하고
불쌍한 내 백성의 권리를 짓밟으며
과부들의 가산을 훔치고 고아들을 등쳐먹는구나!"(사10:2)

강물이 핏물이다

ㅁ하나님은 의로우신 재판장이시요
악인을 향해 매일 분노하시는 하나님이시다(시7:11)

# 빌라도의 비극

'본디오 빌라도'란 이름은
마음 한 구석에 아쉬움이 남고
안쓰러움이 이는 전형이다

그는 출세지향적이고 정치지향적인 행정관이었다

그가 예수를 만난 것은 역사적인 사건이었다

유대인들은 사형집행할 권리가 없었으므로
로마총독인 빌리도에게 선고를 내리도록
예수를 끌고 온 것이다.

신이 사람에게 재판을 받다니!

예수를 본 순간 빌라도는 두려웠다

유대인들은 세가지 죄목으로 고소했으니

민심교란과
세금불납선동과
자칭왕이었고

빌라도의 주요 임무는

질서를 유지하고
로마의 세원이 되는 재산을 보호하며
가이사에 대한 충성이었다

노련한 빌라도는 성전 지도자들이 시기로
예수를 처형하려 한다는 것을 간파했다

성난 파도를 잠잠케 한 이가
민심의 풍랑을 일으키겠는가

"가이사의 것은 가이사에게
하나님의 것은 하나님에게 돌리라" (눅20:25) 한
예수가 세금 내지 말라고 했겠는가

그는 세상의 왕이 아니라
진리의 왕이 아닌가

빌라도는 피할 길을 찾다가
무리의 소리가 손에 잡혔다

예수가 갈릴리 출신이라는 뉴스에 접하자

그 지역의 책임자인 분봉왕 헤롯에게 재판관할권을 넘김으로
뜨거운 감자를 모면하려는 정치 드라마를 엮는다

헤롯은 눈에 가시었던 빌라도로 부터
예수의 연행소식을 듣고 심히 기뻐했고
그의 정치적 배려에 감사했다

그러나 헤롯은 철없는 심문과 저속한 희롱으로
예수를 괴롭혔고
자신의 레저타운에서 흥미로운 마술이나
이적 쇼를 기대하는 천박한 정치꾼이었다

그는 예수의 범할 수 없는 의연함과 깊은 침묵에 숨이 막히고
근접할 수 없는 거룩함과 서리는 품격에 질식할 것 같아
다시 빌라도에게 돌려보냈고
빌라도는 헤롯조차도 예수의 죄없음을 알고
로마 사법권을 존중해 자기에게 위임한 것이라 강조했다

그는 자기 지역의 정치적 안정을 위해
종교 지도자들의 비위를 거스리고 싶지 않아
유대인을 다 모으고 예수의 무죄를 주장하면서

유월절 특사로 백성들이 원하는 죄수를 석방하는

전례를 따라 예수를 놓아주려고 했으나

그들은 구원자 예수를 버리고 살인자 바라바를 택했고
평화의 사람 대신 폭력의 사람을 원했다

이에 빌라도는 동정을 끌어내기 위해
판결을 받기도 전에 예수를 채찍질 하여 무죄를 호소했으나

유대인들은 소리높여
예수를 풀어주는 이는 가이사의 충신이 아니며
스스로 왕이라 하는 자는 황제를 반역하는 것이라고
빌라도를 협박하여 십자가에 달도록 함으로
정의를 유린한 재판을 하게 되었고

유대 지도자들의 교사를 받은 무리에게 굴복하여
예수를 십자가에 못 박도록 넘겨 주었다

<빌라도의 비극>

본디오 빌라도에게는
길이요 진리요 생명이신 분과
독대할 기회가 주어졌으나

그분을 십자가에 장사지냄으로
자신의 운명도 함께 묻었다

누울 곳이 없는 정의를 위해
디딜 곳이 없는 공의를 위해
착수금도 없이 고민하고
성공보수도 없이 싸웠건만

여론의 압력에 소신을 양보하고
불의의 협박에 양심을 넘김으로
영원히 비루한 이름이 되었다

ㅁ그들이 큰 소리로 재촉하여 십자가에 못 박기를 구하니 그들의 소리가
이긴지라 이에 빌라도가 그들이 구하는 대로 하기를 언도하고(눅23:23,24)

누구나 말씀이 열리면 영원한 시인이 된다

# 전율

불의의 판결로
십자가에 달린 신(神)

호올로 타는
인간의 촛불

영원부터 영원까지 흐르는
자비로운 모습

고독한 이마 위에 비치는
진리의 빛

유순한 눈망울에 어리는
사랑의 나라

마음을 만져주는
평온한 얼굴

영혼을 진동하는
섬김의 손길

온 세상의
처음과 나중

□유대인들이 대답하되 우리에게 법이 있으니 그 법대로 하면
그가 당연히 죽을 것은 그가 자기를 하나님의 아들이라 함이니라.
빌라도가 이 말을 듣고 더욱 두려워하여(요19:7,8)

## 공평

옛날 히브리 민족이 애굽을 탈출하여
광야에서 주리고 있었을 때
하나님은 하루치 양식으로 삼으라고
안식일을 제외하고는
매일 특별하고 맛있는 만나를
함박눈처럼 풍성하게 선물로 내려주셨는데

건강한 장정들은 많이 거두었고
힘 없는 어린이와 병약한 노인들은 적게 거두었지만
많이 거둔 사람도 남음이 없었고
적게 거둔 사람도 부족함이 없었음은

비록 사람들의 거둔 양은 차이가 있었으나
하나님께서는 남은 사람의 것을 부족한 사람에게 주심으로
공평하게 하시어 넘치거나 모자람이 없게 하신 것이다

그러나 탐욕이 많은 사람들은 불순종하여
다음 날 또 다시 쓰려고 만나를 쌓아둠으로
벌레가 생기고 썩은 냄새가 나서
그들에게는 애물단지 였다

축적해 놓은 재물은 그 소유자에게 낭비가 되고
속 썩이는 근거가 되어버린다

흔히 재벌은 수단이나 방법이 정당하지 못한 경우가 많고
부정이나 비리와 타협하였거나 권력과 손을 잡고
힘 없는 사람들에게 돌아 갈 이익을 가로챘거나
가난한 형제의 지분을 삼켜버린 경우가 대부분이다

양 99마리 가진 사람이
1마리 가진 사람의 양을 잡았다는 비유(삼하12:4)는
부자가 빈자의 유일한 몫을 빼앗았다는 서글픈 얘기다

하나님의 저주는 챙길 줄만 알고
나눌 줄 모르는 부자에게 떨어졌고
그 분의 뜻을 거스르는 재산은 부패되었거나 파괴되었다

비록 사악한 부모라 할지라도
자식에게는 좋은 것으로 줄 줄 알거든
하물며 정 깊은 하나님께서 생명의 만나를
모든 자녀들에게 양과 기회에 있어서
공평하게 나누시지 않았겠는가

이 분복을 막거나 빼앗아 가는 사람이 있다면
그분은 슬퍼하시고 분노하시어
넘치는 재물은 삭감하심으로
그 소유자에게 부끄러움이 되게 하실 것이다

사도 바울은 이 '하루치 양식'을 인용하여
공동체의 사회 환원을 권면하였다

"지금 여러분의 넉넉한 것으로 그들의 궁핍을 채워주면
후에 그들의 넉넉한 것이 여러분의 궁핍을 채워 주어
서로 공평하게 될 것이다." (고후8:14)

### <공평>

하나님의 자녀인 우리는
그 분의 따뜻한 공평 속에서 풀리므로

우리 중의 한 사람이 배고프면
우리 모두는 허기가 지고

우리 중의 한 사람이 아프면
우리 모두는 통증이 일며

우리 중의 한 사람이 서러우면
우리 모두는 눈물이 고인다

공평은 흐르며 포용하는 물

부자는 빈자와 나눔으로 공존하고
강자는 약자를 돌봄으로 현존하며
망자는 산자와 드림으로 생존한다

우리는
줌으로 풍성하고
도움으로 건강하며
섬김으로 고귀하다

□오멜로 되어 본즉 많이 거둔 자도 남음이 없고 적게 거둔 자도
부족함이 없이 각 사람은 먹을 만큼만 거두었더라(출16:18)

# 마르지 않는 꿈

법보다 우선하는 것이 창조주의 은혜와 자비며
정의는 그 분의 자비의 일부라고 말할 수 있다

하나님은 유독 가난하고
가련한 사람들의 시린 가슴을 덥혀주시고
그들의 존엄성과 권리를 위해 싸우신다

"약자와 고아에게 정의를 베풀고
시달리는 자와 없는 자의 권리를 되찾아 주라

약자와 가난한 자를 구하여주고
악인의 손에서 건져주어라" (시82:3,4)

재판장들이 하나님으로 부터 받은 명령은
법과 정의를 유지하는 일이고
억울한 자의 권리와 악행자의 처벌을 위해
하나님의 대행자로서 신적인 권위를 인정받아
가난한 자와 과부와 고아들에게 베푸시는
하나님의 자비를 따라 재판하라는 소명이다

과부와 고아는 불의한 재판으로 가장 고통을 당하므로
하나님이 가장 애달파 하신다

모세는 “객이나 고아나 과부의 재판을 억울케 하는 자는
저주를 받을 것이다”(신27:19) 했고

이사야는 “영세민을 불공평하게 판결하고
가난한 내 백성의 권리를 박탈하며 과부들의 재산을 털고
고아들의 것을 약탈하는 자는 화 있을진저”(사10:2)라 했다

불의한 재판관들이 가난한 자를 불공평하게 판결한 것은
그들에게는 뇌물을 기대할 수 없었기 때문이고
악인이 고아와 과부의 것을 약탈한 것은
그들에게는 싸워 줄 힘이 없었기 때문이다

힘 있는 자의 거짓말은
힘 없는 자의 참말을 이기게 마련이다

불의한 법관들이 악의 세력들과 뒷거래를 해놓고
법정에서는 억울한 사람의 이야기를 들어주는 척 하다가
판결에선 악인들의 손을 들어주어도 처벌받지 않는다

고등법원에선 지방법원의 오판을 두호하고
대법원에선 고등법원의 오판을 비호하여
합력하여 악을 이루어도

이들의 지위는 제왕적이며
이들은 개혁의 사각지대에 있다

“그들은 뇌물로 말미암아 악인을 의롭다 하고
의인에게서 그 공의를 빼앗는도다” (사5:23)

뇌물로 공의를 매매하는 사회보다 더 어두운 사회는 없고
이 땅에서 정의의 샘을 흐리는 곳보다 더 절망적인 늪은 없다

명예와 권세를 지닌 자들이 악인들과 결탁하여
보호해주어야 할 사람들을 압박하고
도와주어야할 사람들의 것을 빼앗으며
선을 베풀어야 할 사람들에게 악을 행하며
괴로움을 당하고 있는 사람들에게 누명을 씌우는 것은
하나님의 무서운 심판을 초래하는 것이다

악인의 승소와 의인의 패소
불의의 개가와 정의의 고뇌
거짓의 카펫과 진실의 멍석

이 모든 것은 하늘의 심판자를 부르는 것이다

하나님은 통치자를 통치하시고

재판장을 재판하신다
약자를 학대하는 것은 하나님과 맞짱 뜨는 것이고
가난한 자를 밟는 것은 하나님을 능멸하는 것이다

"가난한 사람을 학대하는 자는
그를 지으신 분을 욕되게 함이요
없는 사람에게 친절한 자는
그를 지으신 분을 공경함이다"(잠14:31)

이사야는 권력이 있고 부유한 자들과
법을 개정하고 집행하는 자들이
사회의 약자들을 착취하는 모습에
하나님이 마음 아파하심을 전하며
하나님의 공의를 회복하라고 했다

자신의 처세를 위하여
불의하게 심판하며 악인들의 편을 든 재판장에게는
엄중한 견책이 내려질 것이다

"많이 받은 자에게는 많이 요구할 것이다"(눅12:48)

재판정에서 악이 행해지는 것을 본 솔로몬은
천상법정의 심판을 고대하였고

하나님께서 판결문을 다시 쓰실 때가 오지만
우리는 악의가 선의를 지배하는 세상이 되지 않도록
사회정의를 위해 노력할 의무가 있다

불의가 폭군 노릇 할수록
정의가 기도의 원군이 되야 한다

악하게 취한 것이나 남의 피묻은 돈을 가지고
명예욕으로 기부하는 것은 저주를 부르는 것이다

정의는 제사나 자선보다 선행한다

"가난한 사람들의 재산을 빼앗아
제물로 바치는 것은
남의 자식을 제물로 바치려고
그 아비 앞에서 죽이는 것과 같다" (집회서34:20)

하나님은
악인의 목청껏 뽑는 찬송을 가증히 여기시고
형제의 몫을 도적질한 희생 제사는 미워하신다

예배가 핵심인 기독교에서
정의를 더 강조하는 것은

하나님은 사랑이시기 때문이다
눈에 보이는 형제에게 올바로 행하지 않는 자가
눈에 보이지않는 하나님을 섬긴다는 것은 거짓말이다

“보이는 그의 형제를 사랑하지 않는 자는
보이지 않는 하나님을 사랑할 수 없다”(요일4:20)

사랑과 정의는 한 물이다

하나님과 이웃을 사랑하는 것은
천천의 핏물같은 숫양이나
만만의 강물같은 기름보다
하늘의 물꼬를 트는 것이다

<마르지 않는 꿈>

물 보다 소중한 것이 어디 있으랴

물 보다 순수한 것이 어디 있으랴

물 보다 부드러운 것이 어디 있으랴

우리 모두가 한 방울의 물이 되어
높은 자와 낮은 자가 섞이고
가진 자와 없는 자가 섞이며
강한 자와 약한 자가 섞이어

더 낮은 곳으로
더 없는 곳으로
더 약한 곳으로

흐르고 흘러 강물을 이룬다면

물굽이 마다 하늘의 기쁨이 넘실대고
물이랑 마다 땅의 화음이 춤추리라

고아와 피와 살을 나누고
약자와 눈물과 삶을 나누면

정의의 물결이 하늘을 출렁이고
공의의 여울이 땅을 적시리라

ㅁ오직 정의를 물 같이 공의를 마르지 않는 강 같이 흐르게 할지어다(암5:24)

# 꽃제비

애잔하게 흐르는
앙징스런 이름이

세월의 강을 저으면서
탈북 고아로 물살짓는구나

아이야

북녘에서 불어오는 바람 속에
니네들의 울음소리가 들리는구나

그리움으로 여위는 니네들
배고픔으로 야위는 니네들

마음은
너희들을 찾아

두만강으로
압록강으로
헤매다가

돌부리에
얽히고

설키어

네 곁에
칡 넝쿨 처럼 밟혀도
소망을 읽고 싶다

아이야

우리나라는
말씀을 먹고 사는
사명이 있는 나라다

만신창이의 가슴이
모든 상처를 품고 삭히며

가난한 삶에 뿌리를 내리고
꽃나무처럼 향기를 토하는 나라다

하늘은 언제나
비참한 사람들을 통하여
민족을 구원했다

니네들의 슬픔이

하늘의 슬픔이고

니네들의 고통이
하늘의 고통이다

아이야

낮은 곳으로 쏟아지는 햇볕이
녹슨 철길 위에 누워있는
네 두려움과 외로움을
녹여서 재워주고 있구나

이 슬픈 역사의 눈물을
살섞어 풀어주고 있구나

*꽃제비라는 말은 꽃처럼 예쁜 제비라는 뜻이나
유랑 걸식하는 아이들이라는 뜻을 가진 러시아 말 '고제비예'에서 유래 했음

□여인이 어찌 그 젖먹는 자식을 잊겠으며
자기 태에서 난 아들을 긍휼히 여기지 않겠느냐
그들은 혹시 잊을지라도 나는 너를 잊지 아니할 것이라(사49:15)

# 마지막 선고

탐스러운 포도송이를 거두려면 가지를 쳐야한다

지도자는 하나님이 맡겨 주신 사명을 위해
자신의 탐욕은 과감하게 잘라내야 함에도
한 나라의 왕이 자신의 욕심이 채워지지 않는다고
식음을 전폐하고 침상에 누워있다고 하면
그는 철부지 응석받이가 아니겠는가

아합왕은 큰 궁궐에 살고 있으면서도
가까이 사는 나봇의 작은 포도원을 탐내
자기의 푸른 정원을 확장하려고 눈독을 들여온지라,
그를 부추겨 그의 포도원보다 더 좋은 포도원과 바꿔주거나
그 포도원에 맞먹는 시세를 쳐줄테니
양도할 것을 회유하였으나

나봇은 선조에게서 물려받았으므로
후손에게 넘겨주어야하며
땅은 하나님의 것(레25:23)이므로
팔 수 없다고 단호하게 거절하였다

"내 조상의 유산을 왕에게 주기를
여호와께서 금하실지로다"(왕상21:3)

땅 투기에 실패한 왕은 왕궁으로 돌아와 침실로 가서
벽으로 시간을 축내자 그의 아내 이세벨이 해결사로 들어오고
아합은 자초지종을 간계의 여왕에게 털어놓았다

권모술수의 여제 이세벨이 들을 때에
나봇의 포도원을 빼앗는 일은 식사 전이었다

그녀는 어린 아이를 다루듯 아합을 달래었다

"왕이 지금 이스라엘 나라를 다스리시나이까
일어나 식사를 하시고 마음을 즐겁게 하소서
내가 이스르엘 사람 나봇의 포도원을 왕께 드리리이다"(왕상21:7)

이세벨은 무소불위의 권력을 행사했다

위임장도 없이
아합의 이름으로 편지들을 쓰고 왕의 인장을 찍은 다음
나봇과 함께 사는 성읍의 원로들과 귀인들에게 보냈다

그녀의 수법은 하나님의 말씀을 악용하여
하나님의 사람을 치는 것이었다
"금식을 선포하고 나봇을 백성 가운데에 높이 앉힌 후에
불량자 두 사람을 그의 앞에 마주 앉히고

그에게 대하여 증거하기를
네가 하나님과 왕을 저주하였다 하게 하고
곧 그를 끌고 나가서 돌로 쳐죽이라 하였더라" (왕상21:9~10)

원로들과 귀인들과 거짓 증인들에게는 이세벨이 정의였다
그녀가 머리였고 그들은 손과 발이 되어
법의 보호를 받아야할 경건한 백성을 처벌하는데 있어
법정의 선고문은 포복절도할 신성모독이었다

더욱 가관인것은, 나봇이 하나님을 저주했기 때문에
나라에 임할 재앙을 피하기 위함이란 이세벨의 소장대로
가증스런 금식을 선포하고는 반역죄로 나봇을 기소하여
그에게는 변론의 기회도 주지 않았고
증인들에 대한 반대심문도 없이
하나님께 불경했다는 논고만으로
그는 성읍 밖으로 끌려나가
무리에 의해서 돌로 쳐죽임을 당했다

모든 것이 속전속결이었다

이 보고를 들은 이세벨은
가벼운 마음으로 아합에게 알렸다

"일어나 그 이스르엘 사람 나봇이 돈으로 바꾸어 주기를
싫어하던 나봇의 포도원을 차지하소서
나봇이 살아있지 아니하고 죽었나이다"(왕21:15)

이세벨에 팔린 아합은 나봇의 포도원을 소유하기 위해
그 곳으로 내려갔다

동시에,
이 모든 선과 악을 불꽃같은 눈으로 살펴오신
하나님의 음성을 아합은 들을 때가 온 것이다

하나님은 행한대로 되돌려 치신다

그 분의 말씀이 디셉 사람 엘리야에게 임하여
아합에게 마지막 선고를 하셨다

"개들이 나봇의 피를 핥은 곳에서
개들이 네 피 곧 네 몸의 피를 핥으리라"(왕상21:19)

"내가 재앙을 네게 내려 너를 쓸어 버리되 네게 속한 남자는
이스라엘 가운데서 매인 자나 놓인 자를 다 멸할 것이요"(왕상
21:21)

"개들이 이스르엘 성읍 곁에서 이세벨을 먹을지라"(왕상21:23)

이세벨은 저주 받은 하나님을 위한 것이라는 명분으로
무고한 살인을 하여 하나님의 진노를 불러일으켰고
아합과 이스라엘로 범죄케했다

"예로부터 아합과 같이 그 자신을 팔아
여호와 앞에서 악을 행한 자가 없음은
그를 그의 아내 이세벨이 충동하였음이라"(왕상21:25)

선고를 들은 아합은 충격을 받아
하나님 앞에서 겸비함으로
일정기간 집행유예가 내려졌으나
죄에서 돌아서지 않아 선고는 바뀌어지지 않았다

아람과 이스라엘의 전장에서
아합은 여호사밧을 지휘관으로 세워 적군의 이목을
그에게 집중시켜 생명을 노리도록 왕복을 입게 했고
자신은 변장하고 전쟁터로 들어갔는데

여호사밧은 왕복을 입고도
하나님의 도우심으로 그와 싸우려던
병거의 지휘관들을 떠나가게 하였으나

아합은 견고한 갑옷으로 무장을 하고도
한 사람이 무심코 던진 화살을
하나님께서 갑옷 가슴막이를 이은 접합점으로 인도하시매
화살받이가 되었다

급소를 맞은 아합은 전쟁터에서 나가려 하였으나
전쟁이 맹렬하였으므로 병거 가운데에 붙들려서서
아람 사람을 막다가 저녁에 죽었는데
상처의 피가 병거 바닥에 고였다

왕의 시체를 사마리아로 옮겨 장사하였고
그의 병거와 갑옷은 사마리아 못에서 씻을 때에
개들이 그의 피를 핥았으니
하나님께서 말씀하신 대로 되었다

하나님께서 악한 자를 치실 때는
그 보다 더 악한 자를 들어 치신다

아합의 온 집을 멸절 하셨을 때
무지막지한 군대장관 예후를 들어 쓰셨다

이스라엘 왕 요람과 유다 왕 아하시야가
각기 자기 병거를 타고 가서 예후를 맞을 때

요람이 그에게 평안하냐 물었다

"네 어머니 이세벨의 음모와 술수가 이렇게 많으니
어찌 평안이 있으랴"(왕하9:22)하매

요람은 "아하시야여 반역이로다"(왕하9:23)
소리치며 도망 갔으나 예후는 힘껏 화살을 쏘아
그를 죽였고 시체는 나봇의 포도원에 버렸다

아하시야도 이를 보고 겁에 질려 도망치다가 구르 비탈에서
화살을 맞고 므깃도에 이르러 죽었다

한 날에 유다와 이스라엘은 왕을 잃었고
당일에 아들과 외손자를 잃은 이세벨은

하늘이 무너지는 듯한 슬픔에
굵은 베옷을 입고 회개해야 했거늘

예후가 온다는 소식에
눈화장에 머리 손질 까지 하고는 위용을 과시하며
창문으로 내려다 보다가 예후가 문에 들어서자

"주인을 죽인 너 시므리여 평안하냐?"(왕하9:31) 비아냥거리자

모든 범죄의 근원인 이세벨을 쳐다보던 예후가 맞받아쳤다
“내 편에 들 자가 누구냐? 누구냐?” (왕하9:32)

신호탄이 떨어지자 두 세명의 약빠른 내시들이
창 밖으로 머리를 내밀고 내려다 보았다

세상이 바뀐 것이다

예후가 그들에게 명령했다

“그녀를 내 던지라 하니 내려 던지매” (왕하9:33)

그녀의 피가 담과 말에 튀었고
예후가 탄 말이 그녀를 밟았다

피를 즐기던 그녀가 이제는 많은 피를 흘렸고
나봇에게 돌을 던진 그녀가 돌담에 던져졌다

이 끔찍한 죽음 앞에서도
냉혹한 예후는 왕궁에 들어가서 먹고 마시다가

이세벨이 이웃나라의 강력한 군주의 딸이란 생각이 돌자
외교적인 마찰은 피해가고 싶었다

"가서 이 저주 받은 여자를 찾아 장사하라
그는 왕의 딸이니라"(왕하9:34)

그러나 이미 개들이 시체를 먹어 버려서 남은 것은
두골과 뼈만 남은 손 발 뿐이었다
이 소식을 들은 예후는
하나님의 선고를 기억하지 않을 수 없었다

"이스르엘 토지에서 개들이 이세벨의 살을 먹으리라
그 시체가 이스르엘 토지에서 거름같이 밭에 있으리니
이것이 이세벨이라고 가리켜 말하지 못하게 되리라"(왕하 9:36,37)

교활한 예후는 사마리아에 살고 있는 아합의 아들 70명을
돌보고 있는 측근들에게 편지하기를

"너희 주의 아들들 중에서 가장 어질고 정직한 자를 택하여
그의 아버지의 왕좌에 두고
너희 주의 집을 위하여 싸우라"(왕하10:3)하매

중신들은 하루에 왕을 둘이나 갈아치운
예후를 심히 두려워하여 전하기를
"우리는 당신의 종이라

당신이 말하는 모든 것을 우리가 행하고
어떤 사람이든지 왕을 세우지 아니 하리니
당신이 보기에 좋은 대로 행하라 한지라"(왕하10:5)

극악무도한 예후는 다시 편지를 부쳐 명령하기를

"만일 너희가 내 편이 되어 내 말을 너희가 들으려거든
너희 주의 아들된 사람들의 머리를 가지고 내일 이맘 때에
이스르엘에 이르러 내게 나아오라"(왕하10:6)

이로써 중신들은 왕자 70명을 죽여
그 머리를 광주리에 담아 실권자 예후에게 보냈다

피는 피로 갚는 선고는 그대로 이루어졌고
하나님께서는 악인도 악한 날에 맞게 도구로 쓰신 것이다

하나님은 약한 자의 피를 흘리는 강한 자를 징벌하시는
공의의 하나님이시면서도

의인의 피로 죄인의 피를 속량하시는
사랑의 하나님이시라

장차 우리가 그리스도의 심판대 앞에 설 때에

그 마지막 선고의 기준은
예수의 형제들 중
지극히 작은 자에게 행한 긍휼이다

여기서 형제란
하나님의 뜻대로 하는자(마태12:50)를 말하며
예수는 그 자신을 자기 형제들 중
가장 작은 자와 하나로 여기신다
우리가 이 땅에서 그리스도를 직접 섬길 수 없기 때문에
그로 인해 고난 받는 형제를 돕는 선행이
재림 예수 심판의 기초가 된다

## <마지막 선고>

다시 오시는
하늘 나라 임금님은
세상을 심판하러 오시는데

그 마지막 선고의 기준은 무엇일까

쉿!
영광의 왕이 나타나신다

영생에 들어갈 자들은 오른편에 두시고 말씀 하신다

너희 눈물이 따뜻한 사람들은
내가 주리고 목말라 국경지대를 헤맬 때
먹이고 마시우게 했으니
영혼의 만나가 너희의 것이다

너희 마음이 무른 사람들은
내가 머리 둘 곳이 없어 처마 밑에 누웠을 때
쉴 곳을 주고 옷을 벗어 주었으니
하늘 나라가 너희의 기업이다

너희 정 깊은 사람들은
내가 홀로 되어 병들었을 때
발길을 끊지 않고 치료해주었으니
긍휼이 너희의 선물이다

너희 의로운 사람들은
내가 누명을 쓰고 옥고를 치를 때
돈이 아닌 정의를 위해 싸웠으니
하나님의 얼굴을 뵈올 것이다

내 형제 중 가장 서러운 자에게한 선행이

곧 내게한 것이다

영벌에 들어갈 자들은 왼편에 세우시고 명령하신다

너희 특권층은 민중의 가난을 품에 안아야 하거늘
너희 호화 식탁에서 버려진 양심을
주우려는 시장한 나를
특별 경비원을 배치해 막았으니
진노의 빵을 먹으라

너희 고위층은 난민의 생명을 보호해야 하거늘
경건한 삶에 목마른 내가 탈북했을 때
강제북송시켰으니
저주의 잔을 마시라

너희 권력층은 인민의 권리를 위해 존재하거늘
인권없는 정치범 수용소에 내가 갇혔을 때
반인륜적으로 고문하였으니
영원한 불에 들어가라

너희 지도층은 동무의 영혼을 사랑해야 하거늘
하나님을 섬기는 나의 형제들을 공개처형으로
나를 다시 십자가에 못 박았으니

나를 떠나라

내 형제 중 가장 쓰라린 자에게한 악행이
곧 내게한 것이다

ㅁ너희가 여기 내 형제 중에 지극히 작은 자
하나에게 한 것이 곧 내게 한 것이니라(마태25:40)

죽어야 사는 생명

# 묶음 6

# 기적

보일락 말락 고공 비행하다
닿을락 말락 연착륙 하는

고추잠자리 한 쌍을 보노라면
두 마리가 엎고 엎히면서
하나로 나는 것이 놀랍고

신과 사람이 만나
한 마음, 한 뜻으로
일하는 것을 보면
기적이라는 생각이 든다

어떻게 완전한 하나님과
불완전한 인간이 일치할 수 있겠는가

이를 위해 지혜로운 신은
어리석은 인간을 연단시킨다

모세는 궁궐에서 40년
광야에서 40년을
하나님으로 부터 훈련받는 것을 통하여
자신은 허물고
하나님만을 드러내

그 분의 손발로써
이스라엘을 가나안으로 인도했지만

애굽의 바로는 자신을 신으로 여겨
자기의 말이 곧 법이었으므로
순종이란 있을 수도 없었고

이스라엘을 자기 노예로 생각하여
통치권과 소유권을 주장하였으나

하나님은 이스라엘의 주권자로서
그 민족의 해방과 인권을 주장하시니

하나님의 주권 대 바로의 소유권 싸움이었다

창조주는
당신의 백성, 기업으로써 이스라엘을 요구하시나
바로는 거짓말과 속임수로써 끈질기게 버티매

하나님께서는 10가지 재앙으로 바로를 압박하셨으니
피, 개구리, 이, 파리 재앙으로 애굽을 괴롭게 하셨고
악질, 독종, 우박, 메뚜기, 흑암 재앙으로
애굽의 경제를 파탄시키셨으며

마지막 애굽의 장자를 치는 재앙으로
생사를 주관하는 신임을 입증하자

이 불가항력의 천벌에
바로는 이스라엘을 놓아줄 수 밖에 없었고

하나님의 지략은 무궁무진하였으나
사탄의 지략은 속수무책이었다

부끄러움과 수치에 못 박힌 바로의 귀에
이스라엘이 광야에서 유리 방황한다는 정보가 뜨자

다시 소유욕과 명예욕에 불붙은 바로는
하나님을 전략에 어두운 신으로 오판하고
병거들과 기병들을 이끌고 이스라엘을 추격하여
그들을 대량 살육하기 위해 막다른 골목으로 몰았다

이스라엘은 죽음의 덫에 걸려든 셈이다

앞에는 깊고 시퍼런 바다가 달려오고 있었고
뒤에는 막강한 바로와 지휘관들이 쫓아오고 있었다

하나님께서는 모세의 손을 들어

바다가 갈라져 마른 땅이 되게 하사
이스라엘은 바다 가운데를 육지로 걸어왔고
물은 좌우에 벽이 되었으나

뒤 따르던 바로의 군대는
바다 가운데서 다 엎으셨으니
성난 물살 한 가운데 수장되었다

이스라엘을 전멸하려던 애굽인들은
한 사람도 살아남지 못했지만
이스라엘은 한 사람도 죽은 사람이 없었으니

하나님은 적으로 하여금
자기가 쳐 놓은 올무에 자기가 걸리게 하셨고
자기가 파 놓은 함정에 자기가 빠지게 하셨다

전쟁에 능한
하나님이 보시기에
홍해수 사건은 일도 아니었다

하나님의 눈에
이스라엘은 귀하고 소중한 첫 아들인지라
그 분께서 그 백성을

자기의 눈동자 같이 지키셨으니

애굽의 속박받는 노예로써 울부짖을 때
모세를 보내시어 광야로 이끌어내사

낮에는 구름기둥
밤에는 불기둥으로 인도하셨고

만나와 메추라기를 양식으로
하늘에서 비같이 내려주셨으며

독수리가 자기 새끼들의 보금자리를 대하듯
구원의 날개로 업어서 홀로 건져주셨고
함께 도와준 다른 신이 없었건만

모세가 하나님의 기도실인 시내산에 있는 동안
이스라엘 백성이 금송아지를 만들어 예배하고 제물을 바치며
자신들을 애굽 땅에서 인도하여 낸 신이라 함으로
하나님의 맹렬한 분노를 일으키자
모세는 피묻은 말로 절규한다

"그들의 죄를 사하시옵소서 그렇지 아니하시오면
원컨데 주께서 기록하신 책에서

내 이름을 지워 버려 주옵소서”(출23:32)

이보다 더 주님의 마음을
울리는 기도가 있겠는가

이보다 더 주님의 뜻을
관통한 기도가 있겠는가

모세는 그리스도의 예표였고
하나님 사랑의 그림자였다

<기적>

사람에게 바랄 것이 없을 때
모세의 기도를 듣는다

막다른 골목에서 주저앉고 싶을 때
모세의 노래를 부른다

세상의 파도에 흔들릴 때
모세의 믿음을 읽는다

영원한 신과
허무한 인간이 만나

인간이 마음 문을 열어 놓으면
神이 그 속에 들어가 일하시매

하늘 품은 마음은
땅 속 까지 깊어진다

모세가 하나님과 함께 한 것이 아니라
하나님이 모세와 함께 하신 것이다

이 위대한 기적에
무릎을 꿇는다

ㅁ하나님이 이르시되 내가 반드시 너와 함께 있으리라(출3:12)

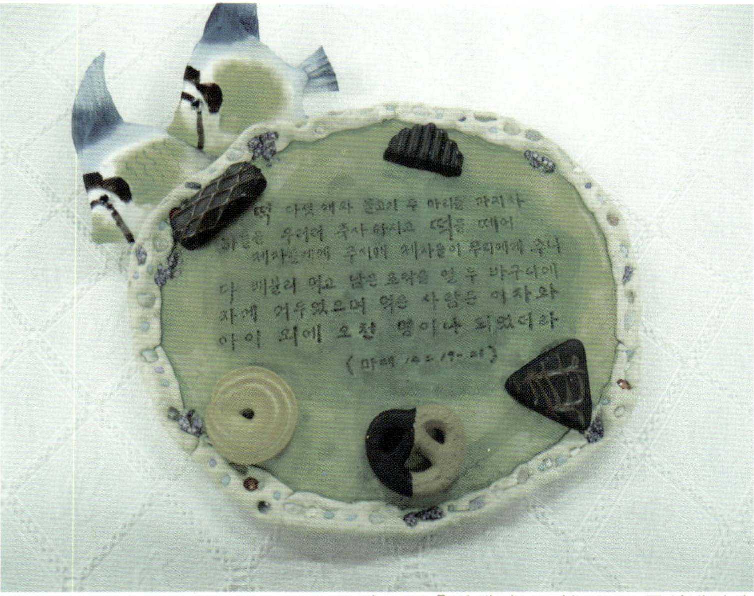


드림으로 충만해지고 나눔으로 풍성해진다

## 부르심

하나님은 언제나 사람을 통해서 일하신다

고난 받는 이스라엘을 구원하기 위해서
가장 비참한 사람 모세를 부르셨다

모세는 히브리 부모의 아이로
남아이면 나일강에 던지라는
바로의 지엄한 명령이 발효된 때에
애굽의 노예 신분으로 태어났는데

항소란 있을 수도 없었고
어머니 요게벳은
감시의 눈을 피해 석달 동안 길렀으나
더 이상 숨길 수 없게 되어

갈대 바구니에 아이를 담아
나일 강변에
공주의 딸이 목욕하러 나오는 때에 맞춰
바구니를 띄웠다

갈대 숲에 일렁이고 있는 바구니를 가져오게 한
마음 착한 공주는 덮개를 열어 본 순간
고난 받는 히브리 민족의 아이임을 알고는

떨면서 그 아이를 끌어내어 품에 품었다

멀리 갈대밭에 숨어서 동태를 살피던
눈치빠른 모세의 누나 미리암이 뛰쳐 나와
그녀에게 히브리 여인 중에서 유모로 불러줄 것을 제안하여

허락과 함께
모세의 생모 요게벳이 바람을 가르며 달려옴에

지혜로운 공주는 전후사정이 한 눈에 밟혀
친모를 유모로 고용하는 따뜻한 낙점을 했다

젖줄기를 통하여

나일강에 버리워진 이 아기는
버리워진 히브리 민족을 구해내야 한다는
자의식으로 자랐다

젖 뗀 후

공주는 이 아이를 아들로 삼고
물 속에서 건져냈다 하여 모세라 이름 짓고는
애굽 궁에서 40년 동안 학문을 연마시켰다

어느날 모세는 고역 속에서 일하는 동족을
애굽 사람이 치는 것을 보다 못해
그를 쳐죽여 모래 속에 감추었다

이튿날에도 두 히브리 사람이 싸우는 것을 보고는
잘못한 히브리 동포에게 왜 형제를 치느냐며 말리려 하자

네가 애굽 사람처럼 나도 죽이려느냐며 대들었다

이 소리에 놀란 모세는
두려움과 배신감에 떨며
바로의 낯을 피하여
미디안 땅으로 도피하였다

하나님이 모세를 미디안 광야로 이끄신 것은
역경과 가난을 익힘으로써 그 속에 있는 이스라엘을
구원할 수 있는 지혜를 터득할 수 있게 하심이요

광야의 명상과 목자의 고독을 통해
하나님과 만날 수 있도록 준비를 하게 하심이었다

애굽 궁에서는 말과 글에 능한 지도자로
수준 높은 교육을 받게 하셨으나

하나님의 택한 백성으로서의 이스라엘을 이끌
영적 길잡이의 통찰력은 갖추지 못했다

사랑은 했지만
여물지 못한 풋풋한 세월인지라

그리움이 하늘에 닿을 때 까지
세월의 나이테에 감겨야 했다

꿈은 있었지만
눈물이 메마른 가슴인지라

기다림이 바다를 채울 때까지
세월의 흐름에 젖어야 했다

또 다시 40년
눈물로 깊어진 목숨

그 신산한 세월에 바랜 머리털
성성한 80에
하나님이 떨기나무 불꽃 가운데서 그를 부르셨다

"모세야, 모세야"(출3:4)

"네가 선 곳은 거룩한 땅이니 네 발에서 신을 벗으라"(출3:5)

"이제 가라 이스라엘 자손의 부르짖음이 내게 달하고
애굽 사람이 그들을 괴롭히는 학대도 내가 보았으니
이제 내가 너를 바로에게 보내어
너에게 내 백성 이스라엘 자손을
애굽에서 인도하여 내게 하리라"(출3:9~10)

이스라엘의 경거망동과 애굽의 포악을 알고
자신의 부족에 절어
절망의 늪에 빠진 모세는
자아와 아집의 신을 벗고 응수했다

"내가 누구이기에 바로에게 가며
이스라엘 자손을 애굽에서 인도하여 내리이까?"(출3:11)

행간의 침묵도 읽으시는 하나님의 귀에는
모세의 탄식이 절규로 들렸다

주여,

나는 실패자요 살인자요 도피자요
꿈도 이상도 피어날 수 없는 황량한 사막입니다

바로는 막강한 군사력을 손에 쥔 세상의 왕이요
정치는 말장사인데 세상에 어눌한 내가
지금 가봐야 웃음거리 밖에 안됩니다

나의 사랑이었던 이스라엘 자손이
내 가슴에 대못을 쳤는데 어떻게 인도할 수 있겠습니까?

너무 아프면
사랑도 죽습니다

"오, 주여 보낼만한 자를 보내소서"(출4:10)

하나님께서는 두려움의 모세가 당당하게
바로 앞에서 이스라엘을 이끌어 내도록
그의 손에 능력을 주셨다

"너는 이 지팡이를 손에 잡고 이것으로 이적을 행할지니라"(출4:17)

하나님의 부르심에는
항상 구원의 뜻이 있다

모세는 이 일을 위해 준비된 사람이었고
그는 하나님의 능력이었다

## <부르심>

내가 당신을 목메어 찾던 날
당신은 나를 뜨겁게 부르셨습니다

행여나 그날 같은 부르심이
다시 있을까 하여

하늘만 바라 보느라
세월 가는 줄도 잊었습니다

당신은 나의 존재의 근원

당신이 계심으로
내가 있고

당신이 부르심으로

그 일로 내가 살고
그 일로 내가 죽습니다

행여나 그 일을 마치면
당신에게 닿을까 하여

그리움의 길을 맨발로 달려가느라
세상 변하는 줄도 몰랐습니다

말씀만이 이정표

부르심은 사랑이었고
사랑은 능력입니다

영원한 불꽃

## 행복한 죽음

120세로 파란만장한 삶을 접을 때까지
모세는 눈이 형형하였고 몸이 정정하였는데
그 힘의 원천은 기도였다

모세는 예언자, 제사장, 지도자, 재판관으로서
하나님의 온 집에 충성된 종이었고
하나님을 섬기는 일은 곧 사람을 섬기는 일이었다

모세는 하나님과 민족을
자신 보다 더 사랑하였고
기도는 그의 들숨과 날숨이었다

그는 이스라엘로 지치고 낙심하게 되었을 때는
생명 건 기도로 돌파구를 열었다

"책임이 심히 중하여
나 혼자는 이 모든 백성을 감당할 수 없나이다
주께서 내게 이같이 하실진대 구하옵나니 내게 은혜를 베푸사
즉시 나를 죽여 나로 나의 곤고함을 보지 않게 하옵소서"
(민11:14~15)

모세는 하나님의 쓰라린 가슴이었다

아론과 미리암이 모세를 대적하여 비방하다가
저들은 하나님의 꾸지람을 들어야 했다

"그 와는 내가 얼굴을 마주 바라보고 말하고
숨은 뜻으로 말하지 않고 분명하게 말하노라
그는 나 주의 모습까지 보거늘
너희는 어찌하여 두려움도 없이
내 종 모세를 비방하느냐"(민12:8)

하나님의진노와 함께 미라암이 나병에 걸려
눈과 같이 되었을 때에도
주님은 모세의 부르짖는 기도를 들으셨다

"하나님이여 제발 그녀를 고쳐주옵소서"(민12:13)

안타까운 것은
하나님의 자존심인 모세도
주님께 명령받은 대로 행하지 않은 적이 있었다

그 분께서는 모세에게

"지팡이를 가지고 네 형 아론과 함께 회중을 모으고
그들의 목전에서 너희는 반석에게 명령하여 물을 내라 하라

네가 그 반석이 물을 내게하여 회중과 그들의 짐승에게
마시게 할지니라”(민20:8) 하셨건만

모세는 말씀의 권능을 불신하여
반석에게 명하지 않고 반석을 쳤으며

“우리가 너희를 위하여 이 반석에서 물을 내랴”(민20:10)고
기적의 영광을 하나님께 돌리려 하지 않고
자기들이 물을 내는 것처럼 말했다

하나님은 지도자들이
법적인 울타리 안에서 불법적인 행동을 하여
공중 앞에서 하나님의 영광을 가릴 때는
더 엄한 판결을 내리신다

모세와 아론에게
“너희가 나를 믿지 아니하고 이스라엘 자손의 목전에서
내 거룩함을 나타내지 아니한 고로
너희는 이 회중을 내가 그들에게 준 땅으로
인도하여 들이지 못하리라”(민20:12)

모세는 이스라엘을 이끌고 가나안에 들어갈 광영을 잃었다

"너는 이 아바림 산줄기를 타고 올라가서
내가 이스라엘 자손에게 준 땅을 바라보라
본 후에는 네 형 아론이 돌아간 것 같이
너도 조상에게로 돌아가리니"(민27:12~13)

모세는 가장 절절했던 바람에 눈을 감고
이스라엘을 위해 지도자 주시기를 빌었다

"모든 육체에게 영을 주시는 하나님,
이 회중 위에 한 사람을 임명하사
그가 그들의 앞에서 나아가고 들어오게 하시며
또한 그가 그들을 데리고 나가고 데리고 들어오게 하사
주의 회중이 목자 없는 양과 같이
되지 않게 하옵소서"(민27:16~17)

하나님은 이 위대한 기도를 들어주셨지만
모세처럼 하나님의 명령을 직접 받은 것이 아니라
후계자는 대제사장을 통해서 인도를 받아야 했다

모세는 하나님만을 의지한 삶이었고
그분만을 응시한 생이었다

그의 궁전은 광야였고

그의 보좌는 바위였다

그는 설레임으로
신랑을 맞으러가는
눈부신 신부처럼

비스가 산 봉우리에 올라
약속의 땅을 바라본 후
기도로 눈을 감았다

상주도 없이
조문단도 없이

헌화도 없이
꽃상여도 없이

찬사도 없이
조사도 없이

골짜기에 장사되었다

노련한 사탄은 모세의 시체를 가져다
성산(聖山)으로 조성하려고 계획하였으나

심오한 하나님은 친히
모세의 시체를 묻으신 후

그 무덤은 숨기셨지만
그 영혼은 품고 가셨다

모세가 잃은 것은 썩어질 것이요
얻은 것은 영원한 것이었다

**<행복한 죽음>**

묘지도 비문도 없는
사자(死者)의 침묵에서

한 문장이
한 문장을 업고

바람에 실려와
가슴 속 눈물샘에 부린다

님의 사랑을 얻을 수만 있다면
세상의 모든 것은 잃어도 좋으리

님의 구원을 노래할 수만 있다면
세상의 가나안은 넘겨도 좋으리

님의 눈빛에 서린 시로 흐를 수만 있다면
세상의 어두운 이별의 강은 건너도 좋으리

죽음의 눈꺼풀이 감기면 내 안의 시인을 보리라

## 사랑의 증거

다문화 민족으로 구성되었던
바사(페르시아) 제국의 총리 하만이
궁궐에서 문지기로 있었던 유다인 모르드개가
자기에게 무릎을 꿇지도 않고 절하지도 않는 것을 보고
분노하여 모르드개 뿐만 아니라
바사에 있는 모든 유다인을 죽이려고 했던 것은

아각 사람이었던 하만의 내면에는
유다 민족에 대한 적대 감정이 응어리져 있었기 때문이었다

하만은 유다 민족을
왕의 말을 듣지 않는 한 민족이라고 누명을 씌워
아하수에로 왕에게 진술하기를

반은 사실로 방파제를 두르고

“그 법룡이 만민의 것과 달라서"하며

반은 살인적인 거짓말을 깔았다

"왕의 법률을 지키지 아니하오니”라며

왕에게 암적인 존재임을 부각시켜

“용납하는 것이 왕에게 무익하니이다”(에3:8)라고

아첨을 통해 불법적인 백성임을 주장했다

하만은 피값까지 지불할 것을 약속했는데
이것은 유다인을 전멸시킴으로 왕이 입게 될 세입의 손실을
그에게 보상하겠다는 것이다

피값보다 더 사악한 거래가 어디에 있으랴

“왕이 옳게 여기시거든 조서를 내려 그들을 진멸하소서
내가 은 일만 달란트를 왕의 일을 맡은 자의 손에 맡겨
왕의 금고에 드리리이다”(에3:9)

하만은 뇌물을 전제로 왕의 허락과 위임을 받아냈지만
동방에서는 공개적인 처형 뒤에는 재산의 몰수가 뒤따랐고
죄인들의 재산은 왕에게 귀속되었다

왕은 노련한 책략가의 덫에 걸려들어
자신의 반지를 하만에게 내어주었다

왕의 반지는 공식적인 인감도장이었으므로
하만에게 전권을 위임한다는 의미였다

"왕이 반지를 손에서 빼어 유다인의 대적 곧 아각 사람
함므다다의 아들 하만에게 주며
이르되 그 은을 네게 주고 그 백성도 그리하노니
너의 소견에 좋을 대로 행하라"(에3:10,11) 했다

칼자루가 주어진 하만은 왕의 이름으로 살인 문서를 써서
각 민족의 언어로 번역하여 왕의 인장을 찍어
모든 민족이 유다인을 파멸시키는 데
참여할 준비를 하게 함으로

왕의 조서가 이르는 곳마다 유다인은 슬픔에 빠져
금식하며 부르짖었을 뿐만 아니라
굵은 베를 입고 재에 누운자가 즐비한지라
슬픔의 먹구름이 바사 전역을 뒤덮게 되었다

하만의 참살 계획이 시행만 남겨진 상황에서
유다인의 생명은 바람 앞에 촛불이었다

하만이 왕의 마음을 움직인 것은 뇌물이었기 때문에
모르드개는 왕후 에스더가 보낸 내시 하닥에게
하만이 왕에게 바칠 은의 정확한 액수를 말하고
조서 초본을 주며 에스더로 알게 하여
왕 앞에 나가 동족의 생명을 구하라 했으나

이것은 기각될 확률이 100%였다

바사의 법은 지엄하여
왕이 내린 조서는 절대로 변개될 수 없으며
왕비라도 마음대로 왕에게 다가갈 수 있는 권한은 없었고
윤허의 금홀을 내어 밀지 않는한 죽을 수 밖에 없었다

게다가 무심한 듯
왕이 눈길을 접은 지가 30일이었다

왕비 에스더는 하닥을 통해 모르드개에게 정황을 말하였고
양부 모르드개는 뼈아픈 얘기를 에스더에게 들려주어
인간적인 판단보다 신앙적인 결단을 요구했다

"이 때에 네가 만일 잠잠하여 말이 없으면
유다인은 다른 데로 말미암아 놓임과 구원을 얻으려니와
너와 네 아버지 집은 멸망하리라
네가 왕후의 자리를 얻은 것이
이 때를 위함이 아닌지 누가 알겠느냐" (에4:13,14)

에스더는 난국의 법정 상속인이다

왕에 이르는 길을 측정하건대

그 어느 쪽을 보아도
죽음역을 통과해야 했지만

세상의 막강한 왕을 바라본 것이 아니라
그의 마음을 움직이시는
하늘의 영원한 왕을 바라보았다

비참한 포로로 태어나
어린 나이에 고아가 되어서
문지기의 딸이었던 가련한 신분을
대 제국의 왕후로 끌어올리사
전략적인 위치에 세우신
보이지 않는 분을 의지하였다

전능하신 분의 손길이 없이
어떻게 여기까지 올 수 있었겠는가

받은 것은 주기 위함이다

작은 나를 드려
큰 나라를 구할 수만 있다면
이보다 더 귀중한 삶은 없을 것이다

생명은 소유주께 돌려 드릴 때
가장 잘 사용될 수 있고
죽음은 이길 수 있는 길이 죽음 뿐이다

그녀는 죽음으로 배수의 진을 치고
모르드개에게 회답하였다

"당신은 가서 수산에 있는 유다인을 다 모으고
나를 위하여 금식하되 밤낮 삼 일을 먹지도 말고
마시지도 마소서 나도 나의 시녀와 더불어 이렇게 금식한 후에
규례를 어기고 왕에게 나아가리니 죽으면 죽으리이다" (에4:10)

## <사랑의 증거>

사랑은

숨을수록 진심을 드러내고
침묵할 수록 의미를 전달한다

못 자국난 손과 발이
큰 소리로 증거한다

사랑이 두드릴 때 하늘은 문을 열고
죽음이 걸어갈 때 땅은 길을 낸다

아무도 자신을 버리지 않고는
깊고 푸르른 분의 명을 따를 수 없고
아무도 자신을 부인하지 않고는
바르고 의로운 분의 뜻을 이룰 수 없다

보이지 않는 분은

죽음의 형장에서
자신을 드러내셨고

떨어지는 핏물은
인류를 하나로 물들였다

ㅁ...누구든지 나를 따라오려거든 자기를 부인하고
자기 십자가를 지고 나를 따를 것이니라(마16:24)

사랑은 생명의 둥지

# 대하시(大河詩)

보이지 않는 분은 아름다운 에스더에게
빛을 비쳐 주셨을 뿐만 아니라 능력도 지혜도 부으셨다

금식 삼일째 날에 그녀는 왕후의 예복을 입고
대궐 안뜰에 들어섰는데
왕은 궁궐 뜰에 마주 보이는 왕좌에 앉아 있다가

에스더가 뜰에 선 것을 보니 심히 사랑스러워
손에 잡았던 금 홀을 내밀매 그녀는 다가가 그 끝을 만졌으나

그녀가 잡은 금홀은 눈에 보이는 권세가 아니라
눈에 보이지 않는 분의 권세였던 것이다

"왕이 이르되 왕후 에스더여 그대의 소원이 무엇이며
요구가 무엇이냐
나라의 절반이라도 그대에게 주겠노라"(에5:3)

에스더의 소원은 나라의 절반이 아니라
유다인의 생명이었지만
말을 아끼고 자기가 베푼 잔치 자리에
하만과 함께 왕을 초청하였다

왕은 하만을 데리고 잔치에 나왔고

다시 반복하여 물었다

“그대의 소청이 무엇이뇨 곧 허락하겠노라
그대의 요구가 무엇이뇨
나라의 절반이라 할지라도 시행하겠노라” (에5:6)

그녀는 단지 3일간 기도하며 전략을 세웠을 뿐
마음 속의 뜨거운 덩어리가 제련되지 못했다

말이 날 선 검이 될 때를 기다려야 했다

신중한 에스더는 다시 대답을 연기했다

“… …내가 왕과 하만을 위하여 베푸는 잔치에 또 오소서
내일은 왕의 말씀대로 하리이다” (에5:8)

대궐에서 나온 하만은 기고만장하였는데
대궐문의 모르드개는 그를 보고 미동도 하지 않으므로
노가 충천하였으나 억제하고 집에 와서 그의 친구들과
아내 세레스를 불러모아 자기 자랑을 늘어놓으며
내일도 왕후 에스더의 잔치에 왕과 함께 초청 받은 사람은
자기뿐이지만 이 모든 부귀영화도
모르드개가 대궐 문에 있는 한 만족하지 못한다고 했다

간교한 그의 아내와 모든 친구들이 악한 꾀를 냈다

“높이가 오십 규빗 되는 나무를 세우고
내일 왕에게 모르드개를 그 나무에 매달기를 구하고
왕과 함께 즐거이 잔치에 가소서”(에5:14)

하만은 이 말에 뇌화부동되어
모든 유다인이 죽게 될 날을 잡아 놓았음에도
교만한 마음을 참지 못하고
그 즉시 자기 집에다 교수대를 세웠다

그 날 밤에 보이지 않는 분은
에스더를 위하여 결정적인 자료를 준비하셨다

그 분은 왕이 잠 못 이루는 그밤에 신하들을 시켜서
궁중 일기를 읽게 하도록 왕의 마음을 움직이셨다

그 일지 중에는 사실조회에 대한 답변이 있었는데
대궐 문을 지키던 빅다나와 데레스 두 내시가
왕을 암살하려는 음모를 모르드개가 고발하여
왕의 목숨을 구했다는 기록이었다
왕이 잠을 이루지 못하는 상황에서
완전히 잊혀졌던 사건을 궁중 일기를 통해서 듣게된 것은

인간의 머리로서는 이뤄낼 수 없다

왕은 자기 목숨을 구한 모르드개에게
아무런 보상도 없었음을 확인하고는 때 마침 모르드개를
나무에 달고자 청하러 온 하만을 불러들여 물었다

"왕이 존귀하게 하기를 원하는 사람에게
어떻게 하여야 하겠느냐?" (에6:6)

하만의 끝없는 욕망은 그 사람이
바로 자기라고 오판하고 뱃속을 드러냈다

"왕께서 입으시는 왕복과 왕께서 타시는 말과 머리에 쓰시는 왕관을 가져다가 그 왕복과 말을 왕의 신하 중 가장 존귀한 자의 손에 맡겨서 왕이 존귀하게 하시기를 원하시는 사람에게 옷을 입히고 말을 태워서 성 중 거리로 다니며 그 앞에서 반포하여 이르기를 왕이 존귀하게 하기를 원하시는 사람에게는 이같이 할 것이라 하게 하소서" (에6:8.9)

이에 왕은 하만에게 자신의 말대로
곧 모르드개에게 빠짐없이 행할 것을 엄하게 명령하였고

모든 유다인을 죽이려고 했던 하만은

왕의 말 등에 유다인의 대표를 태우고 고삐를 쥐고 다니며
모르드개가 국민적 찬사를 받도록 목청껏 외쳐야 했다

하룻밤 사이에 역사는 바뀌었다

하만의 권위는 땅에 밟혔고
모르드개는 국가적 영웅이되어 처형은 물거품이 되었다

사람의 얄팍한 지략이 아니라 보이지 않는 왕의 역사였다

에스더는 인내함으로 승기를 잡았고
하만은 경솔함으로 재앙을 불렀다

하만은 서둘러 집으로 가서 그의 아내와 친구들에게
참담한 현실을 전하자
그 중 힘의 생리를 아는 자와 영악한 아내는

"모르드개가 과연 유다 사람의 후손이면
당신이 그 앞에서 굴욕을 당하기 시작하였으니
능히 그를 이기지 못하고 그 앞에 엎드러지이다"(에6:13)고
치명적인 선고를 할 때
왕의 신하들이 와서 하만을 데리고
에스더의 잔치에 급히 데리고 나갔다

왕은 하만과 함께한 에스더의 잔치에서
다시금 그녀의 소청과 요구가 무엇인지 세번째 물으며
나라의 절반이라도 줄 것을 재삼 약속하였다

보이지 않는 분의 때가 되었다고 판단한 에스더는
구구절절이 정겨운 말로 간구했다

"왕이여 내가 만일 왕의 목전에서 은혜를 입었으며
왕이 좋게 여기시면 내 소청대로 내 생명을 내게 주시고
내 요구대로 내 민족을 내게 주소서"(에7:3)

그녀는 왕이 한 민족의 피값을 받은 것을 겨냥하여
차라리 노예로 팔렸더라면 자유를 되찾을 기회가 오겠지만
한 사람의 교만과 복수심을 위해 팔려서
죽임을 당하게 되었으므로 생명을 무릅쓰고 왕을 구한
충성된 신하와 성실한 백성들의 생명을 잃는 것은
왕의 나라의 손실임을 시사했다

"나와 내 민족이 팔려서 죽임과 도륙함과 진멸함을 당하게 되었
나이다 만일 우리가 노비로 팔렸더라면 내가 잠잠하였으리이다
그러나 대적이 왕의 손해를 보충하지 못하였으리이다"(에7:4)

왕은 뜻밖에도 왕비가 자신과 자신의 백성들의 생명을

구해달라는 것에 충격을 받아서 그녀에게 물었다
"감히 이런 일을 심중에 품은 자가 누구며
그가 어디 있느냐"(에7:5)

에스더는 포문을 열어 하만이
왕비의 생명도 부족하여 왕비의 백성 생명까지 노려
조서를 꾸몄음을 왕에게 폭로하였다

"대적과 원수는 이 악한 하만이니이다"(에7:6)

하만은 왕이 재판장이고
왕후가 원고가 된 것을 알고는 두려워 떨었고
왕은 분노하여 잔치자리를 박차고 후원으로 나갔으나
꽃들의 향기도 후회막급에 휩싸인 왕을 진정시켜 주지 못했다

하만의 간계에 빠져 왕후와 무죄한 민족을 팔았다는
어리석음에 분노가 부글부글 끓었다

그가 다시 돌아왔을 때
하만이 에스더에게 생명을 구하기 위해서
그녀가 앉은 의자 위에 엎드린 것을 보고는
격분을 폭발시킬 계기를 찾은 것이다

"저가 궁중 내 앞에서 왕후를 강간까지 하고자 하는가"(에7:8)

이 말로 하만의 인생은 끝났다

왕은 그의 처형을 지시한 것이다

시류에 발빠른 신하 속에 하르보나가 정보를 제공했다

"왕을 위하여 충성된 말로 고발한 모르드개를 달고자
하여 하만이 높이가 오십 규빗 되는 나무를 준비하였는데
이제 그 나무가 하만의 집에 섰나이다
왕이 이르되 하만을 그 나무에 달라"(에7:9)

남잡이가 제잡이가 되어 왕의 노는 풀렸고
그는 하만의 집을 에스더에게 주었으며
그녀는 모르드개로 그 집을 관리케 했다

에스더는 모르드개를 왕에게 알려 그가 왕 앞에 나오매
왕은 하만에게서 거둔 반지를 빼서 모르드개에게 주었다

하만이 섬겼던
눈에 보이는 신
돈 명예 권세는

꽉 잡았다고 생각하는 순간에도
손가락 사이로 새어나가는 모래알 같은 것이다

<대하시(大河詩)>

역사는

드러내지 않는 하나님과
드러내는 사탄의

극적인 대하시

절체절명의 위기에서

하나님은
약(弱)한 자를 일깨워

떨리는 영혼으로 부르짖게 하고
갈급한 영혼으로 울부짖게 하여

공중의 권세 잡은 자에게서
당신의 백성을 건져

구원의 서사시를 쓰지만
사탄은
악(惡)한 자를 부추겨
족한 줄 모르는 탐욕과
하늘 높은 줄 모르는 교만으로
자멸의 절명시를 쓴다

오늘도
역사는 푸르게 흐르고

세상은
삶과 죽음으로 철썩인다

풍랑 속에서 진주를 품은 조개의 시를 보았는가

# 사랑과 정의

에스더는 하만의 죽음으로 인해
그의 모든 재산을 얻게 되었고
왕의 깊은 관심도 회복했으나
하만이 작성한 조서는 법률적 효력을 지녔기 대문에
127도에 산재해 있는 유다인의 생명은
죽음의 칼날 아래 떨고 있었다

왕의 조서는 왕이라 하더라도 취소할 수 없었기에
유다인들이 그들의 생명을 지키기 위해
공격하는 자들에게 무기를 든다면
왕의 명령에 불복하는 것과 같으므로
하만의 살인 조서를 상쇄할 수 있는
새로운 방위 조서가 내려져 유다인의 인권을
보장 받아야하기 때문에

에스더는 부르지도 않는 왕 앞에
또다시 목숨을 걸고 나아가
자신의 생명을 구할 때에는 울지 않았던 왕후가
민족의 생명을 위해서는 왕의 발 아래 엎드려
하만이 장전한 시한폭탄의 뇌관을 제거해 줄 것을
울며 호소했다

어둠을 밝히는 총총한 별과 같은 눈물로

유다민족의 말살 법령을 대처할 수 있는
유다민족의 보존 법령을 내려줄 것을 간청했다

출렁이는 눈물 샘은
북 받치는 동족 사랑이었다

<별*의 눈물(2)>

별은
하늘의 눈물이 고여있어 눈부시고

바다는
별의 눈물을 담고 있어 찬란하다

가슴속의 무수한 상처가 별이 되어
바다를 은빛으로 적시면

수많은 생의 슬픔이 파랑지고
수많은 생의 고통이 이랑져서

응축된 한 민족의 눈물로 흐를 때
하늘은 바다를 갈라 사잇길을 낸다

*에스더는 페르시아어 이름으로 영어 Star와 동의어로 본다

왕은 에스더의 눈물에 범벅이 되어
손에 쥐었던 금홀을 내밀었다

에스더는 일어서서 왕 앞에 탄원하기를

"조서를 내리사 아각 사람 함므다다의 아들 하만이
왕의 각 지역에 있는 유다인을 진멸하려고 꾀하고 쓴
조서를 철회하소서" (에8:5)

"내가 어찌 내 민족의 화 당함을 차마 보며
내 친척의 멸망함을 차마 보리이까" (에8:6)

왕은 하만이 내린 조서의 불의와 사악함에 떨고 있었지만
왕의 이름을 쓰고 왕의 반지로 도장을 찍은 조서는
변개될 수 없었기에
지혜롭고 의로운 에스더와 모르드개에게 맡겨서
그들의 뜻대로 또 다른 조서를 만들어 대응하도록 했다

"너희는 왕의 명의로 유다인에게 조서를 뜻대로 쓰고
왕의 반지로 인을 칠지어다 왕의 이름을 쓰고 왕의 반지로
인친 조서는 누구든지 철회할 수 없음이니라" (에8:8)

왕은 자신이 내린 조서가 변경되거나 무효화될 경우
왕의 권위가 떨어질 것 이므로 동일한 효과를 낼 수 있는
다른 조서를 작성하도록 명령한 것이고
새로운 조서에는 유다인 스스로
생명을 지킬 수 있는 자위권을 보장하며
유다인은 아달월 12월 13일에 한하여
그들의 재산을 빼앗을 수 있는 권리까지 보장받았으나
유다인은 수산성에서 오백명과 하만의 열 아들을 죽였어도
그들의 재산에는 손을 대지 않았다

왕은 에스더를 신뢰했고 그녀의 의견을 존중했다

"유다인이 도성 수산에서 이미 오백인을 죽이고 멸하고
또 하만의 열 아들을 죽였으니 왕의 다른 지방에서는
어떠하였겠느냐
이제 그대의 소청이 무엇이냐 곧 허락하겠노라
그대의 요구가 무엇이냐 또한 시행하겠노라" (에9:12)

에스더는 정의의 대변자로서 철저함을 요구하였는데

유다인의 적들이 12월 13일에 입은 손실로 인하여
보복을 할 수도 있음으로 수산의 유다인에게
자위권을 하루 더 연장해 줄 것과

유다인을 대적하는 사람들은 엄정히 응징하고
다시는 되풀이 되어서는 안된다는 반면교사로서
하만의 열 아들의 시체를 나무에 달게 해 줄것을 요청했다

“왕이 만일 좋게 여기시면 수산에 사는 유다인들이
내일도 오늘 조서대로 행하게 하시고
하만의 열 아들의 시체를 나무에 달게 하소서” (에9:13)

왕이 에스더의 안보 의지와 재발방지 제안을
전부 수용함으로 하만의 열 아들의 시체가 나무에 달렸고
수산성의 유다인은 12월 14일에도 모여 300명을 죽였으나
그들의 재산에는 손을 대지 않았다

왕의 지방에 있는 유다인들도 지역별로 연대하여 자위권 행사로 대적들을 75000명이나 죽였으나 그들의 재산에는 손을 대지 않았다는 것은 유다인들이 복수와 탐심때문에 적들을 진멸한 것이 아니라 정당방위였음을 명백히 하기 위함이었다

숫자적으로 볼 때 유다인에 의해
죽은 사람의 수는 75800명이었지만
상대적으로 볼 때
유다인의 경우 죽을 뻔 했던 수는
민족 전체였던 것이다

유다인들은 이 민족 구원의 날을 기념하기 위해서
해마다 12월 14일과 15일을 부림일로 삼았는데
이것은 바사 말 부르(Pur)에서 나온 것으로
하만이 제비 뽑아 유다인 멸절의 날로 정한 것을
하나님께서 그 날을 유다인 승리의 날이 되게
하셨다는 뜻이다

이 자비의 날은
하나님의 절대 주권을 기억하고
궁극의 승리는 하나님의 것임을 노래하며
감사하는 날로서 대대로 지키되

가난한 자를 구제해야 했는데
긍휼을 얻은 자들은 긍휼을 베풀어야 하며
구원을 얻은 자들은 구원을 전파해야 한다

에스더는 모든 것에 우선하여
자신의 시녀와 동족과 마음을 합하여 금식기도를 한 후
왕 앞에 나아갔던 것이다

그녀의 시선은 언제나 하나님을 향해 있었던 것이다
"이는 유다인 모르드개와 왕후 에스더가 명령한 바와
유다인이 금식하며 부르짖은 것으로 말미암아

자기자손을 위하여 정한 바가 있음이더라” (에9:31)

에스더의 명령으로
부림절이 유다인의 명절로 지켜지게 되었고

역사의 교훈을 후대에 전함으로
당신 백성에 대한 하나님의 신실하심과 돌보심을 읽고
그 분의 영광을 영원히 기념하기 위해서

에스더와 모르드개는
역사의 파고를 타고 흐르는 이야기를 썼다

전멸의 날을 전승의 날로 바꾼 이야기
슬픔을 거름으로 기쁨을 거둔 이야기
죽음을 딛고 생명을 일궈낸 이야기

이러한 일은 오늘날도 우리의 거울이다

회개 없는 용서는 복음이 아니고
정의 없는 사랑도 진리가 아니다

이 둘의 조화는
예수님의 십자가에서 완전히 이루어진다

**<사랑과 정의>**

가슴에 못 박힌
동족의 아픔이
자신의 아픔이었던
에스더가

생명을 걸고
왕 앞에 이르렀을 때

보이지 않는 왕이
그 가슴을 정독했다

그것은 사랑이었다

마음에 날 서린
동족의 생명이
자신의 생명이었던
에스더가

죽음을 업고
왕의 발 아래 엎드렸을 때

보이지 않는 시선이
그 마음을 해독했다

그것은 정의였다

마지막 도착지

처연한 골고다 언덕
죄인의 십자가 위에
죄없는 성자가
사랑과 정의로
못 박혔을 때

비로소

신(神)은 사람과
소통했고

영혼은 육신과
접속했다

깊은 사랑은 깊은 정의

따스운 눈물은 시의 샘

# 묶음 7

# 해넘이 길에서

우리 교회는 태능시장 안에 있는데
이 시장은 반 수 이상이 길 위에서
좌판이나 천막을 치고 장사를 한다

태풍이 몰아치면
할퀴고 찢긴 포장마차는
만국기처럼 펄럭인다

바람이 불면 부는 대로
폭우가 쏟아지면 쏟아지는 대로
기도 밖에는 대책이 없다

지붕이 날아간 파라솔 만이
의문부호로 남는다

이 전쟁터에서도
살아 남은 사람들의 의지는 탄력을 받아
삶의 뿌리는 더욱 깊고 넓게 다져진다

그 중에서도 백전노장인
김정애(84세) 할머니의 심지는
어떠한 강풍에도 뽑히지 않는다

불면 날아갈 마른 수숫대 같지만
젊은 사람들의 삶의 버팀목이 되고 있다

할머니는
튀김집의 두 아낙을 딸처럼 생각하고
하루 종일 감자 고구마를 썰어주고
가래떡을 잘라주다가
늦은 시각에 그들이 돌아가면
못다 판 튀김을 밤 1시까지 갈무리하고

1시부터 3시까지는
재활용 할 수 있는 폐지와 병을 수거하여
손수레에 차곡차곡 쌓고 밧줄로 동이면 하루가 끝난다

튀김집의 딸도 할머니를 어머니로 생각하여
전셋방도 얻어주었고 묘 자리도 봐두었다고 한다

동회에서도 기초수급자로서 일정액을 지불한다고 하는데
할머니는 그 돈에서 십일조를 떼고
나머지는 손녀딸 학비에 보태왔다고 하며
생활은 재활용품 모아주고 받는 돈으로 해왔다고 한다

여름에는 타는 햇살을 쓰고

겨울에는 매운 바람을 두르고
온 몸으로 싸우는 생의 전사다

할머니는 월남하신 분인데
결혼은 18살에 했고 24살 때 6.25가 터져
남편과 둘이서 남한으로 피난가려고
평안 북도 웅진에서 배를 탔는데
수 많은 사람들이 서로 먼저 타려고
밀고 밀리는 아비규환 속에서
그만 남편을 잃고 각각 다른 배로 갈라졌지만
남한에 가면 의례 만나려니 했다고 한다

뱃 속에서 배멀미가 심해 7일 동안 아무 것도 못 먹고
구토를 하다가 피를 많이 토하고 쓰러졌다고 한다

누가 깨우길래 눈을 떠보니
어떤 아가씨가 죽었는지 살았는지 확인해보려고
흔들어 본 것이라 했고
배에 탔던 사람들이 죽은 줄 알고
인천 덕적도에 자신을 버리고 간 것을
하나님께서 살려주신 것이라고 술회한다

그 때 사연을 듣고 난 아가씨가

어떤 노 부부 집의 가정부로 소개를 해주어서 끝까지 섬겼고

그 후 부터는 식당에서 일해오다가
태능시장 까지 오게 된 것이라고 한다

지금까지 결혼을 안 하고 혼자 산 것은
24살 때 헤어진 남편이 꼭 찾아올 것만 같아서
기다렸다고 한다

북새통에 죽지 않았다면
자기를 꼭 찾아 올 것으로 믿었다고 한다

밤에 자다가 문이 덜컥 소리만 나도
"문 열어!" 하는 남편의 소리 같아
소스라치게 놀라 문을 열어 보면
바람만 스치고 갔다고 한다

동회 마다 발이 닳도록 애타게 다니면서
남편의 생사를 알아보려 했으나 헛수고 였다고 한다

끝내 돌아오지 않는 남편을 찾아 헤매다가
막다른 길에서 예수를 만났던 것이다

60년의 기다림은 바로
그 분의 눈물이었다

**<해넘이 길에서>**

어찌
뜻 없는 고난이 있겠으며
헤어짐 없는 하나됨이 있겠습니까

당신께 이르는 모든 길은
사무치는 그리움과
목메이는 기다림이었습니다

아무도 원치 않는 모진 세월이었지만

생의 노정에서
영혼은 여물어 갔고
은총은 무르익었습니다

사랑은
당신을 만나는 지름길이었고

고통은
당신을 만나는 에움길이었습니다

황혼이 질펀한 길에서
발밑에 밟히는 구슬을 주워보니
눈물겨운 진주였습니다

바로 당신이었습니다

□형제들아 우리가 잠시 너희를 떠난 것은 얼굴이요
마음은 아니니 너희 얼굴 보기를 열정으로 더욱 힘썼노라(살전2:17)

사랑이라고 했던가 기다림이라고 했던가

# 가장 귀중한 선물

나에게 아버지의 죽음은 하나의 사건이었다

일생 하나님을 등지고 쌓아올린
선행과 수고는
물거품으로 돌아갔고

배신과 절망의 늪에서 허우적대던 아버지가
마지막 구원의 손을 붙잡지 못했다면
나는 지금도 분노의 강을 건너올 수 없었을 것이다

죽음 앞에서

그 많은 재산
그 많은 자선
그 많은 덕망

그 모든 것은 바람이 소득이었다

육십의 강가에서
한 가닥 위로가
내 영혼에 내리지 않았다면
나는 아직도 슬픔의 강을 건너올 수 없었을 것이다

삶과 죽음은
하나님께로 부터 오는
한 쌍의 선물이었고

그 분의 가장 귀중한 선물은
예수를 통해서 얻는 영혼구원이었다

믿음의 아들 유화선 목사와 나는
다시 한 번
아버지께 복음을 전하는 간절한 마음으로
구원의 방주에 말씀의 등불을 세우기로 마음을 모았다

우리는 가난이 출렁거리는 거리
다닥다닥 노점상들이 즐비한 재래 시장 안의
빌딩 4층에 세를 내어 하나님의 성전을 만들었다

48평의 햇빛이 찬란한 방을 수리한 유목사가
천정은 천정화를 그리듯 하얀 페인트 칠을 했고
바닥도 물로 씻어내고 세 번이나 왁스를 칠했다

강대상과 장의자는 버려진 것들을 트럭으로 싣고와
못질을 하고 물걸레로 닦고 난 다음에 사포로 갈고
또 다시 마른 걸레로 닦아내고 페인트 칠을 하는

유목사의 손은 '뒤러'의 '기도하는 손' 같았다

프라스틱은 재활용이 불가능하지만
나무는 얼마든지 재창작할 수 있다

흠이 많은 강대상에는 지점토를 입혀
장미와 말씀으로 수 놓았고
가운데 긴의자 26개를 세 줄로 나란히
130명은 족히 앉을 수 있게 안배하였다

벽쪽은 둘로 나눠
목사님 방과 주방으로 꾸며

목사님 방에선 졸 졸 졸
말씀의 생수가 흐르고

주방에선 솔 솔 솔
구수한 된장국 내음으로
시린 가슴의 실타래가 풀려

말씀교회에 들어오는 사람들은 누구나
마음이 편안하고 푸근하다고 한다

유목사는 밤마다 산에가서
영혼구원을 위해 간곡한 기도를 드리고

나는 말씀교회에서
달빛 세례를 받아가며 시를 쓰고
별빛이 잠든 긴 의자의 등을 하나 하나 달래듯
거기 앉는 사람들의 영혼을 다독거리며 기도한다

낮에는 유목사가 교회 맞은편 놀이터에 가서
하모니카로 찬송가를 불러 어르신들이 모여들면
빵과 음료수와 함께 말씀을 전한다

장사하는 분들은 힘들고 지치면 교회에 올라와서
차 한 잔에 탄 시 한 수 마시고는
하나님께 삶의 버거움을 토로하고 간다

주일날이면
일주일 내내 음식을 준비해 온 손길이 있어
주방에선 다시 정성이 데워지고 사랑이 끓여진다

점심에는 맛있는 눈빛 주고 받는 잔치상을 벌리고
석양예배가 끝나면 남겨두었던 음식과 떡을 포장해 가지고
둘 씩 둘 씩 짝을 지어 전도하러 나간다

어떤 집에서는 문전박대
어떤 사람들은 나환자를 보듯이 피해가고
어떤 동네에서는 전도지만 보면 손사래를 친다

거드름을 피울수록
더 기도하고
더 공손하게
더 신중하게
마음 문을 두드린다

전도는
생활 속에 얼기 설기 엮기면서
예수 그리스도가 마음 문을 열어주어야 하므로

십자가의 예수가 동행하지 않는 선교는
바람을 잡는 일이다

영혼을 사랑하는
그의 눈물에 내가 젖고
그의 핏물에 내가 녹아

피 한 방울 섞이지 않은 사람들이
예수의 피로 거듭나

한 형제가 되고 한 자매가 되어
한 숟갈의 된장도 나누어 먹는
예수의 가족이 된다

### <가장 귀중한 선물>

죄악이 일상화 되고
거짓이 체질화 되는 세상에
지순한 하나님의 아들이 오셨다는 사실은
세상이 뒤집히는 놀라운 사건이었다

아들의 죽음을 통해서
그의 핏값으로 얻는 구원은
아버지의 가장 귀중한 선물이었다

오늘도 내일도
살아도 죽어도
이 생도 저 생도
우리는 하나님의 것이다

누가
이 사랑을

전화 한 통이나
문자 한 줄이나
전도 한 번으로 하겠는가

누가
죄인을 구하기 위하여
몸을 뚫어 선혈을 쏟아준 의인을 보았는가

누가
허물 많은 사람을 사랑하여
몸을 찢어 심장을 빼어준 신을 보았는가

예수가
하나님의 가장 귀중한 선물이다

□하나님이 세상을 이처럼 사랑하사 독생자를 주셨으니(요3:16)

말씀은 문자를 입은 하나님

# 시를 위한 기도

다윗의 많은 시 중에서도
시편 23편은 압권이다

소박하면서도 아름답고
단순하면서도 심오하고
불안하면서도 평안하고
현실적이면서도 영적인

이 시는
수천년 동안
종교를 초월하여
많은 사람들의 노래가 되어왔다

모든 시는
그 창작 과정에서 하나님의 영감을 받아야 한다

그 분의 소리 없는 소리를 들어야 한다

신(神)과의 교감 없는 시는
생명감이 없다

다윗의 시가 대대로 살아서 호흡하는 것은
신(神)과의 일체감 때문이다

그는 그 신명(神名)을 부르며
"야훼는 나의 목자"라고 고백한다

목자와 양이 하나이듯이
하나님과 자신이 하나임을
맑은 시냇물처럼 잔잔하게 노래한다

1 야훼는 나의 목자, 바랄 것이 없어라
2 푸르청청 들판에 나를 뉘어주시고
잔잔한 물 가로 나를 이끄시니
3 내 영혼 파릇파릇 생기 돋아라
주께서 당신의 이름을 위하여 바른 길로 날 인도하셨어라
4 내가 죽음의 그늘진 골짜기를 간다 해도
재앙을 두려워하지 않으리니 당신께서 나와 함께 계심이라
5 당신께서 내 원수들 앞에서 상을 차려 주시고
향유를 내 머리에 부으시니 나의 잔이 넘치나이다
6 내 평생 선함과 자비가 정녕 나를 따르리니
내가 영영 주님 궁에 살으오리다
(시편23편 )

6절 밖에 되지 않는 짧은 시지만
그 의미는 유장하고

삶과 죽음 뿐만 아니라
영혼까지 아우른다

죽음에서 깨어난 푸른 풀밭은
가슴 벅차오르는 샘솟는 언어고

죽음까지 두려워하지 않는 것은
죽음을 이기고 다시 산 영원한 사랑이
나와 함께 하기 때문이다

나는 기도할 때마다
시편 23편을 암송하는데

아마도 숨거두는 자리에서도
마지막으로 읊을 것이다

내 무덤엔 언제나
아들이 제 몸을 헐어 만든

새 시집들이 옆옆이 놓여
꽃 대신 향기를 토할 것이다
"야훼는 나의 시"라고

<시를 위한 기도>

야훼는
나의 시
나의 기도

당신의 눈물로 자란
여리디 여린 시로

마음이 가난한 영혼 속에
샘솟는 위로가 넘치게 하소서

당신의 말씀으로 튀겨낸
맑디 맑은 시로

진한 고통의 강을 건너가는 영혼 속에
다사로운 등불이 켜지게 하소서

한평생 당신을 품은
푸르디 푸른 시로
고뇌하는 영혼 속에
푸른 예수가 서리게 하소서

절절한 시는 절절한 기도

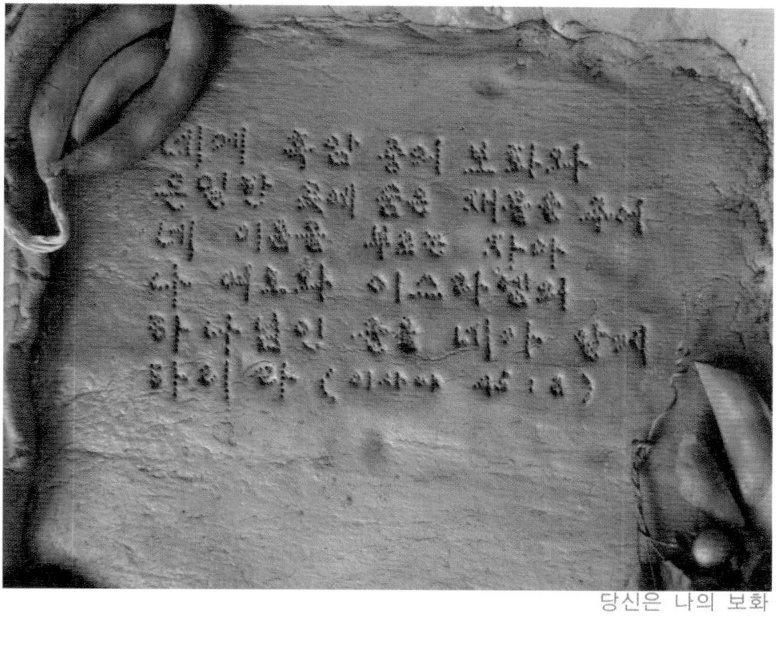
네게 흑암 중의 보화와
은밀한 곳에 숨은 재물을 주어
네 이름을 부르는 자가
나 여호와 이스라엘의
하나님인 줄을 네가 알게
하리라 (이사야 45:3)

당신은 나의 보화

# 녹시

시편 42편은
사람이 신(神)에 대한 타는 목마름을
시냇물을 찾아 헤메는
목마른 사슴의 이야기(鹿詩)로 비유하였다

"하나님이여 사슴이 시냇물을 찾기에 갈급함 같이
내 영혼이 주를 찾기에 갈급하니이다"(시42:1)

시는 삶이다

시의 배경은 이스라엘이 초토화되고
그 백성이 바벨론으로 잡혀간 때라
이스라엘 민족은 신에 대한 회의 속에 빠지지 않을 수 없었고
그들에게서 신을 부정하는 것은
자신의 존재를 부정하는 것이었다

이 시인에게 나라가 패망하고 백성이 포로가 된 것 보다 더 큰 슬픔은 정복자 바벨론의 야훼 하나님에 대한 조롱과 냉소였다

"네 하나님이 어디 있느냐?"(시42:10)

갈증이 심할수록 시냇물은 더 그리워지고
진실이 밝힐수록 신(神)은 더 눈에 밟힌다

우리들도 군사정권 시절
군화발에 밟힌 민주주의를 목이 타도록 찾았고
금기시된 통일논의를 마른 땅이 비를 기다리듯 사모했다

현실이 어두울수록
삶이 부조리할수록
더욱 빛을 갈구하게 된다

70년대를 견뎌온
한 사람으로서 나도
목마른 사슴처럼
통일에의 갈망을 안고

산으로
들로

신학교로
기도원으로

하나님을 찾아 나섰다

어느 날
용문산 구국제단에서

피곤한 무릎을 꿇었다

규칙상 발성기도를 해야 했기에
내용이 알려질까봐
어줍은 영어와 불어로 반죽하여
방언처럼 들리도록 했는데

약탕관의 약이 졸아들듯이
애간장이 끓었고

창자가 끊어지는 아픔으로
숨죽이며 자분자분 토설했다

이튿날 저녁
마리아료에서 자취하는
성경학교 학생들과
그 곳에 잠시 들른
구국제단에서 일하는 아가씨와 함께
우리는 사사봉으로 기도하러 올라갔다

어두움 속에서
비탈지고 험한 계곡을 따라 오르면서도
우렁찬 찬송 소리에 떨어지는

별똥별을 가슴에 담으며 갔다

사사봉에 도착하여서는
둥그렇게 바위 위에 올라 앉아
"우리의 소원은 통일"을
부르다가 죽을 이름처럼 불렀고
합심하여 통성기도를 하다가
각자 뿔뿔이 흩어져서 개인기도로 들어갔다

모두가 성령에 취해 하늘문을 두드리는데

나만 홀로
사유의 별빛 아래 까맣게 여물어가고 있었다

"하나님이 살아계시다면 내게 증거를 보여주십시요"하고
응답을 구하는 기도를 했다

드디어 온 우주의 주인이 문빗장을 여신다

멀리 떨어져서 기도하던 아가씨가 소리쳤다
"너는 어찌하여 나를 의심하였느냐?"

나는 "저 사람이 하나님을 의심하였나 보다"고 생각하는데

들어보니 나의 구구제단의 기도를
영어와 불어까지 섞어가면서
그대로 재연하는게 아닌가

나는 속으로 "미치겠네"하는 순간
그 쪽에서도 "미치겠나이다"하고 외치는게 아닌가

이어서 내 이름을 자꾸 부르는 것이었다

가보고 싶으나 두려웠다
뭔가 또 다른 세계가 있긴 있나본데
이 일이 성령의 역사인지 악령의 역사인지 누가 알랴

게다가 상대는 돌뭉치를 손에 들고
바위를 치면서 기도하는데
언제 무기가 되어 나를 칠지 누가 알랴

상대방은 계속해서 내 이름을 부르는데
점차 기진해서 목소리가 잦아들고 있었다

나도 모르게 "죽으면 죽지"하는 생각이 스쳐가자
즉각 그 쪽에선 "죽으면 죽으리라!"는 말씀이 나왔다

나는 속으로 기도하지 않을 수 없었다

"하나님, 이 일이 하나님으로부터 왔다면
제가 한 번 더 속으로 "죽으면 죽지"하겠사오니
저 사람도 한 번 더 반복하게 하소서"

예의 "죽으면 죽지"라는 말이 나의 뇌리를 스치자 마자
다시금 "죽으면 죽으리라!"는 말씀이 건너왔다

나는 한 걸음 한 걸음 소리나는 쪽을 향해서 걸었다
드디어 그녀가 앉은 바위 앞에 왔을 때
그녀는 탈진한 듯이 벌렁 누워 의식을 잃었다
동시에 손에 쥐었던 돌덩이도 풀려나
데굴 데굴 굴러 떨어지는 소리가 적막을 흔들었으나
의식은 깨우지 못했다

황당했다
살았는지 죽었는지

살았다면 업구 뛰어야겠지만
죽었다면 이 밤중에 어찌하랴

우선 숨이 있는지 없는지 확인하기 위해서

나의 귀를 그녀의 입가까이 대려고 하는데
그가 오른 손을 펴서 내 왼쪽 어깨를 잡고
왼손을 펴서는 내 오른쪽 어깨를 잡고
자기 몸을 일으키고는 바위 위에 앉았다

놀라운 사실은 그 쪽의 손이 내 어깨에 닿자마자
마음의 풍랑이 잔잔해지고
목적지인 항구에 안착한 것 같았다

드디어 상대가 입을 열었다

“하나님께서 당신의 기도를 들으셨습니다”

“통일이 됩니다”

“통일은 인간의 수단과 방법으로 되는 것이 아니라
오직 하나님의 능력으로만 됩니다”

순간 나는 생각하기를
그 높고 높은 분이 천사를 보내사
이 낮고 낮은 나를 만나게 하시나 보다 했는데
다시 음성이 들렸다

"나 여호와가 말하노라"

"74년 8월 5일 12시를 기억하라
나는 너를 불렀고
너는 나를 찾았다"

… … …
… … …

"질문하라!"

꿈꾸는 것 같았다

질문하면 답이 왔고
질문하면 답이 왔다

밤새도록
주거니 받거니
질문과 대답은 그칠 줄을 몰랐다

성경대로였다

역시 하나님은 고난받는 히브리 민족의 하나님이셨다

해 아래 압박받는 곳에
어김없이 그 분은 계셨다

한민족으로 고통 당하시는 하나님의 사랑이 가슴을 적셨다
그 분은 두 손을 내 어깨에 얹고
"나의 무한한 자비와 무한한 사랑이
이제로부터 영원까지 너의 것이다"는
말씀으로 복을 주셨다

기도를 마치고 나자 흩어졌던 일행이 와서
새벽예배 초종이 울렸음을 알려주었고
입신했던 그 딸도 깨어났으나
기운이 없어 걷지를 못했으며
나는 눈을 뜨려고 하면 몹시 따갑고 시려워서 자꾸 감아야 했다

나는 그녀를 부축하고
그는 나를 인도하여 내려오다가
몇 번이고 계곡에서 굴러떨어졌지만

우리는 세상이 떠내려가도록 큰 소리로
찬송하며 올라가 하늘에 닿고 싶었고
이제 죽어도 한이 없을 것 같았다

이쯤에서 우리는 통성명을 했다

그녀의 이름은 김양순이고
집에서 예수 믿는 것을 반대하여
성경 찬송가만 가지고 나와
사정하여 제주도로 가는 배를 타고
한라산 기도원을 찾아갔으며
그 곳에서 성전청소를 하다가
방언이 나오고 통변이 되기를
"용문산 구국제단으로 가라"고 해서
이틀 전에 임금찬 원장님과 함께 왔다는 것이다

그 후 양순이는
사는 게 십자가인 용문산에서
성경학교 신학교를 졸업하고

불모의 땅 서산에서 개척을 했는데
교인은 어린이들과 할머니 몇분이었고
먹는 날 보다 금식하는 날이 더 많았다

서울에 와서는 방통대를 거쳐
여목사제도가 있는 신학교를 졸업하고
목사 안수를 받고는 신림동에서

성도들의 도움을 받아 아가페 교회를 개척했다

이 때부터 십여년 동안 서로 감감무소식 이었다가
우리집에 사건이 터지면서 기도의 원군으로
김 목사를 찾게 되었는데
그녀는 이미 말기암 환자였다

그동안 짐이 될까 봐 아무에게도
심지어 가족에게도 알리지 않았던 것이다

충격이었지만 김 목사는 담담하였다

우리 생애의 가장 푸르렀던 시절을 바쳐
복음 통일을 기도하던 뜨거운 날들은 갔지만
늘 하던 말대로 "살면 전도요 죽으면 천당"이었다

암 수술 후
항암 주사와 방사선 치료로
고통의 연속이었지만
언제나 내 기도 보따리를 들어주었고
밤마다 김 목사가 섬기는 제단은
기도의 눈물로 흥건하였다

지난 여름
병원에 검진 받으러 갔다가
탈의실에서 쓰러지고는
다시 일어나지 못하고
고난과 열애했던
한 생애가 문을 닫았다

애달픈 형제들의 목메임 속에 화장을 하고
우리 손으로 한 줌의 재를 유골함에 넣었건만
아리고 아픈 이야기는 내 가슴속에 얹혔다

천하보다 귀한 한 생명이
수술비가 없어 병을 키웠다는 사실에
크신 분의 깊은 눈물이 죄책의 가슴을 누비며
죽음은 재회의 나라에서 보내는 사랑의 선물이라고 위로한다

<녹시>

사슴의 눈에 시냇물이 어리듯이
내 영혼에 당신이 깃들기를 그리나이다

당신께서 먼저 나를 부르셨으니

내 어찌 당신을 찾지 아니하겠나이까

낮은 데로
밟힌 데로
찢긴 데로
피 흘린 데로
나무에 살 박힌 데로

해 아래 신음 있는데에
당신이 아닌 사랑은 없었나이다

당신의 핏물이 떨어진 영혼마다
푸르름으로 다시 피어나
천지가 당신으로 가득하게 하소서

오랜 시간 깊은 기도 속에서 우려낸 시

# 영원한 말씀을 절실한 시어로 표현하는 시인

김상길(시인,목사)

심오한 영성으로 존재와 사물을 인식하며 하늘의 언어를 빚던 정연홍 시인이 네 번째 시집을 상재한다. 그 동안의 정연홍 시인의 시들이 바이올린이나 피아노 독주같은 느낌이었다면 이번엔 웅장한 교향악을 듣는 느낌을 준다. 단지 녹시(鹿詩)같은 장시가 있어서 그런 것만은 아니다. 공동체를 향한 울림이 더욱 심후하고 광역화된 느낌었다.

한 줄 한 줄 시를 읽으면서 은혜를 받았고 감동을 받았다. "이것은 내 몸이며 나의 피다"라고 하신 그리스도의 말씀이 떠올랐다. 시인의 언어들은 존재의 살이며, 인식의 피였다. 시평을 하는 것이 아니라 독자의 한 사람으로 새로운 시의 세계에 빠져 들었다. 마침 함박눈이 펑펑 내렸다. 순백의 언어들이 주는 의미가 대설의 분위기를 더욱 고조시켜 주었다. 필자는 참으로 행복한 독자였다. 문학적 가치도 가치지만 시집을 읽으면서 부흥회, 사경회에 참석한 느낌이었다. 시가 부흥회, 사경회를 인도할 수 있다는 사실도 처음으로 경험했다. 녹시에서는 필자가 산상 기도회에 참석한 감정이입에 빠져들었다. 정연홍 시인이 아니라 나라는 생각이 들었다. 그러다 보았다. 불치의 병을 앓고 떠난 사명자의 모습에서 조국의 슬픈 자화상을 보았다.

이 땅에 많은 시인들이 있다. 90년대 이후 기독교 시단에도 무수한 시인들이 배출되었다. 그런 가운데 정연홍 시인은 예레미야처럼, 호세아 처럼 공동체의 회복을 향한 사랑을 주체하지 못하고 절실한 언어로 세상에 호소하는 참으로 특이한 시인이다.

특히 이번 시집에서 녹시를 비롯, 이스라엘의 역사를 현대적인 공존의 윤리로 재해석한 '사랑의 증거', '기적', '마르지 않는 꿈' 등 장시를 선보여 기독교 시의 새로운 지평을 열고 있다. 진리를 향한 열정, 고차원의 영성, 말씀의 깊이가 없으면 창작할 수 없는 세계였다. 그래서 시인의 정신과 작품이 돋보인다.

## 존재와 표현

시는 곧 시인이다. 시어는 시인의 세계다. 시와 시인은 동의어다. 최근 어떤 시인은 자신을 가리켜 "나는 격류(激流)였다"라고 했다. 모든 시인은 존재의 발성을 시어로 표현한다. H.밀러는 "시는 이중의 의미에서 육신화된 꿈이다"라고 말했다. 존재의 이상, 그것이 시다. 예수 그리스도는 하나님의 꿈과 말씀이 육신화되신 메시아다. 그래서 온 우주에서 가장 아름다운 시다.

존재를 생각하고 현상을 대하는 인간은 결국 세가지 질문과 답을 하게 된다. 첫째 어떻게 볼 것인가? 둘째 어떻게 해석할 것인가? 셋째 어떻게 표현할 것인가? 특히 시인에게 있어서 이 세가지 질문과 답은 신성한 사명과 연결된다. 구약의 예언자들은 이 사명에 충실한 존재였다. 그래서 예언자의 언어는 최상의 시어다. 학개 선지자는 포로 귀환 이후 황폐한 성전의 불모지를 가리키며 군중에게 물었다. "이것이 너희에게 어떻게 보이느냐?"(학 2:3) 그리고 장차 있을 영광을 해석했고 역사의 방향을 제시하며 역사의 주권자의 입장을 표현했다.

P.B 셸리는 "시는 가장 선하고 가장 행복한 순간의 기록이다. 하나의 시란 그것이 영원한 진리로 표현된다"라고 말했다. 정연

홍의 시를 읽으면 셸리의 말이 실감난다. 시인은 시대의 격류를 헤쳐 오면서 많은 고통과 상처를 받았다. 그러나 가장 선하고 가장 행복한 기록을 이어나갔다. 그것도 영원한 진리를 위해.

시인은 믿음의 아들과 함께 시장 안에서 목회를 한다. 그러면서 시를 쓴다.

유목사는 밤마다 산에 가서
영혼 구원을 위해 간곡한 기도를 드리고

나는 말씀교회에서
달빛 세례를 받아가며 시를 쓰고
별빛이 잠든 긴 의자의 등을 하나하나 달래듯
거기 앉은 사람들의 영혼을 다독거리며 기도한다
–'가장 귀중한 선물' 중에서

세상과 시대는 무풍지대가 아니다. 특히 시인의 세대가 헤쳐온 시대와 역사는 그야말로 격류였다. 김포의 제방도로를 가다보면 조그만 포구, 전류리(轉流里)라고 있다. 물살이 급히 바뀌는 곳이다. 시인의 세대는 늘 물살이 급히 바뀌는 고통과 상처를 온 몸으로 받았다. 시인의 세대는 전류리였다. 이사야 선지자는 이스라엘을 가리켜 '발바닥에서 머리까지 성한데가 없다'고 묘사했는데, 그런 시대를 살아온 것이다. 개인의 인생도 시대의 변화를 대변한다. 개인의 상처와 고통도 시대 변화의 거울이 될 수 있다. 그래서 T.S 엘리어트도 말했다. "위대한 시인은 자신을 쓰면서 자기 시대를 그린다"라고.

정연홍 시인은 단순히 살아가는 존재가 아닌, 사명자로서의 존재, 공동체 안에서의 존재, 역사적인 의식을 안고 살아가는 존재를 인식한다. 그리고 그 존재를 절실한 언어로 표현하는 능력을 지녔다. 정연홍 시인의 시들은 시대의 방점이다. 이 점이 부럽다.

매일 주를 위해 죽으매
그 몸에서
매일 예수께서 사셨으며

매일 주를 위해 눈물을 떨구매
그 몸에서
매일 예수의 피꽃이 낭자해

경주 끝까지 달렸던 혈로(血路)
그 위에 찍힌 발자욱은
그의 것이 아닌
예수의 흔적

—'흔적' 중에서

십자가에서 매일 죽는다는 사도 바울의 모습에서 시인의 존재와 사명이 투영되고 있는 시다. 시인은 사명을 자각하고 시를 쓴다.

시는

늘 품고 다니며
버리고 갈고 닦는
말씀의 칼 끝
.....

간절한 영으로
견고한 사랑을 파는
신(神)의 끌

– '시(1)' 중에서

시인에게 언어는 단순히 개인의 예술 작업이 아니라 '신(神)의 끌'이라는 신성한 사명을 시인은 다짐하고 있다. 그것은 의미있는 존재의 자각이다. 시인에게 있어서 그 자각은 행복한 자각이다. 그리고 물질의 소유가 아니라 존재의 인식이 행복한 세계로 인도한다는 것을 선언한다.

그가 사는 곳을 향하여

사랑을 지팡이로
그리움의 길을 걷고 걷다 보니

시의 웃음 소리가 들린다
님의 목소리가 보인다

– '시(2)' 중에서

정연홍 시인은 시대를 판독하면서 사랑을 노래한다. 절망의 시대에서 희망의 별을 본다. 그것은 구속사적인 관점이다. 이것이 시인의 돋보이는 세계관이며 예술관이다.

별은
하늘의 눈물이 고여있어 눈부시고

바다는
별의 눈물을 담고 있어 찬란하다

가슴 속의 무수한 상처가 별이 되어
바다를 은빛으로 적시면

수많은 생의 슬픔이 파랑지고
수많은 생의 고통이 이랑져서

응축된 한 민족의 눈물로 흐를 때
하늘은 바다를 갈라 사잇길을 낸다
－'별의 눈물(2)' 중에서

"죽으면 죽으리라"고 비장한 각오로 나서 조국을 구한 에스더의 믿음과 행적을 묘사한 장시 '사랑의 증거' 중에서 '별의 눈물' 이다. 바사(페르시아)어로 '에스더'란 이름의 뜻은 별이다. 별의 눈물은 에스더의 눈물이며, 이 시대 고난받고 있는 사람들의 눈물이다. 시인은 수난의 역사와 민족의 구원을 구속사적인 관점으로 보면서, 또한 현대적인 의미에서 고난의 의미를 반영시키면서 공존의 회복을 노래하고 있는 것이다. 반추할 수록 아름다운 시다.

시인은 이번 시집에서 여러 편의 장시를 통해 이런 역사관, 시대관을 노래하고 있다. 시대의 아픔을 외면하는 시인은 시인이 아니다. '꽃제비'에서 보듯 시인은 고통당하고 있는 사람들을 온몸으로 껴안으며 회복을 간구한다. 특히 이번 시집의 제목이 된 녹시는 기독교시의 새로운 지평을 열어주고 있다. 녹시에서 묘사된 시인의 고백, 기도의 여인 김양순 목사의 슬픈 이야기는 시대의 탄식이다. 우리는 이 작은 우주의 탄식에 귀를 기울여야 한다. 그러나 시인은 탄식을 극복하고 절대자의 사랑을 노래한다. 이 점이 빛난다.

해 아래 신음 있는 데에
당신이 아닌 사랑은 없었나이다

당신의 눈물이 떨어진 영혼마다
푸르름으로 다시 피어나
천지가 당신으로 가득하게 하소서
– '녹시' 중에서

시인은 공존의 윤리와 회복을 꿈꾼다. 시인은 개인의 한풀이로 시를 쓰지 않는다. 개인의 노래, 장식품으로서의 시는 시대의 공감을 얻지 못한다. 분단된 조국의 상처에서부터 소외당한 사람들의 아픔에 이르기까지 시인은 그 고통을 껴안으면서 함께 희망을 노래하고 싶어 한다.

네 번째는
저의 사무친 시의 물매에
하늘이 담긴 돌을 담으사
예수의 이름으로
세상의 탐욕에 명중하게 하소서

마지막 가장 아픈
다섯 번째 물매돌은
비장의 무기로
당신의 전능한 손에 맡깁니다
–'다섯개의 물매돌' 중에서

공평은 흐르며 포용하는 물
부자는 빈자와 나눔으로 공존하고
강자는 약자를 돌봄으로 현존하며
망자는 산자와 드림으로 생존한다

우리는 줌으로 풍성하고

도움으로 건강하며
섬김으로 고귀하다

–'공평' 중에서

정연홍 시인은 시대를 구속사관으로 보고, 영원한 의미인 성경의 말씀으로 해석하고, 사랑이 담긴 애절한 노래로 표현하는데 탁월한 시인이다. 정연홍 시인의 독특한 시세계는 하나님의 선물이며 우리의 기쁨이다.

시인이 귀착하고 싶은 시의 고향은 어딜까.

# 성경시와 신앙시의 새로운 도전

홍문표(시인, 평론가,오산대총장)

정연홍 시인이 이번에「녹시」라는 제목의 시집을 상재했다. 시집 제목부터가 이색적이면서도 호감을 느끼게 한다. 녹시란 한자로 녹시(鹿詩)를 말한 것이다. 사슴의 시라는 말이다. 동양에서도 사슴은 장수 동물로 또는 신비한 전설을 가진 영물로 생각하기에 사슴이란 말만 나오면 우리에겐 정감이 간다. 머리에 이고 있는 뿔은 권위를 상징하는 왕관이라고도 하고, 무성하게 자라는 나뭇가지 같기도 하여 더러는 풍요를 상징하는 숲이라고도 하며, 잘라도 다시 돋아나기 때문에 영생을 상징한다고도 한다. 그러나 기독교 신앙인들에게 있어서는 크리스마스 때마다 찾아오는 산타 할아버지와 흰 눈 사이로 선물을 가득 싣고 달려오는 루돌프 사슴이 더욱 우리의 마음을 풍요롭고 기쁘게 해준다. 그러나 정연홍 시인의 이번 녹시가 보여주는 시적 진실은 그러한 설화나 동심에서의 사슴이 아니라, 기독교 신앙인의 보다 근원적인 소망을 보여준다는 점에서 신선한 충격을 주고 있다.

이미 시집 서두에서 밝히고 있듯이 녹시의 출발은 시편 42편 1절이 보여주는 "하나님이여 사슴이 시냇물을 찾기에 갈급함 같이 내 영혼이 주를 찾기에 갈급하나이다"에서다. 이 구절은 모든 기독교인은 물론 일반인들조차 애송하는 말씀 중에 말씀이고 명시 중에 명시다. 이 구절이 말씀 중에 말씀인 것은 이 시가 성경의 배경적 의미로는 이스라엘이 바벨론에게 멸망 당하고 온 민족이 포로가 되어 노예 생활을 하면서 그제야 하나님을 배반했던 자신들을 반성하면서 하나님께 구원과 해방을 갈구하는 노래다. 그러나 이 시를 애독하는 보다 솔직한 이유는 포로로 끌려간 이스라엘 민족의 애절한 역사에 대한 연민도 있지만 그보다는 민족적인 슬픔의 서정이 한 개인의 목마른 영혼에 대한 애절한 호소로 정서화 되었다는 점이다. 따라서 이 시는 역경에 처한 오늘의 민족들에게도 공감이 가고 특히 일제와 분단의 역경에 있는 우리들과도 동병상련의 관계를 느끼게 하지만 살아가는 인간들은 누구나 결핍과 좌절에 대한 충족과 소망을 꿈꾸는 한 모두가 목마른 사슴이며 그러기에 시냇물을 갈급하는 존재일 수밖에 없다는 데서 이 시는 모든 사람들에게 항구성과 보편성을 갖는 감동이 있고 절실한 언어가 되고 있는 것이다.

그러기에 정연홍 시인은 시냇물을 갈급하는 사슴의 노래가 바로 일제와 분단시대를 살아가는 우리들의 노래요. 시인 자신의 절절한 신앙적 소망의 노래가 된다. 이는 이스라엘 포로기의 노래가 오늘 분단시대 우리들의 노래가 되고, 어느 고라자손의 노래가 오늘 정연홍과 말씀에 목마르고 진실과 정의와 사랑에 목마른 자들의 노래가 된다는 말이다.

사슴의 눈에 시냇물이 어리듯이
내 영혼에 당신이 깃들기를 그리나이다

당신께서 먼저 나를 부르셨으니
내 어찌 당신을 찾지 아니하겠나이까

낮은 데로
밟힌 데로
찢긴 데로

피 흘린 데로
나무에 살 박힌 데로

해 아래 신음 있는 데에
당신이 아닌 사랑은 없었나이다

당신의 눈물이 떨어진 영혼마다
푸르름으로 다시 피어나
천지가 당신으로 가득하게 하소서
－'녹시' 전문

이처럼 '녹시'는 당신의 절대적 사랑과 섭리와 능력에 대한 찬양이며 기원이다. 우선 첫 연에서 나와 당신의 관계가 사슴과 시냇물의 관계로 표현된다. 어떤 생명도 물 없이는 생존할 수 없다. 그것은 사슴도 그렇다. 그만큼 물은 모든 생명들에게는 필수적인 요소다. 마찬가지로 모든 인간들의 영혼은 주님의 말씀, 주님의 사랑과 은혜가 아니고는 구원받을 수 없다. 그것은 국가도 그렇고 개인도 그렇다. 그리하여 하나님을 두려워하고 하나님을 의지하고, 하나님을 찬양하고, 하나님께 간구하는 신앙적 태도는 바로 사슴의 마음이며 동시에 나라와 인생을 생각하는 시인의 마음이 된다.

그런데 이번 시집「녹시」의 구성을 보면 성경시와 신앙시의 새로운 모험이고 도전인 것을 알 수 있다. 예컨대 시집의 '녹시'를 보면 큰 제목의 성경적, 역사적 사실을 시적으로 제시한 다음, 말미에는 꺽쇠 제목의 <녹시>를 간결한 서정시로 마무리 하였다. 말하자면 성경적 사실을 서사적인 장시 형태로 전개하고는 끝에서 이를 다시 간결한 서정시로 승화하여 같은 제목의 시로 마무리하는 이중적인 병렬적 구성방식이다. 그렇다면 앞의 시는 성경적 사실을 이야기 형식으로 표현한 성경시라고 해야 하겠고, 말미에 있는 시는 앞의 시가 갖는 주제를 시인의 상상력으로 보다 철저하게 창조한 신앙시라고 해야 하겠다.

단편적인 서정시의 경우도 그냥 독립된 시가 아니라 반드시 시의 말미에 관련 성경 구절을 인용하여 시와 말씀을 병행하여 철저히 신앙시의 새로운 면모를 보이고 있다.

길이신 그분과 함께 걸으면

만나는 모든 사람이
길 가는 나그네

진리이신 그분과 함께 생각하면

들리는 모든 음성이
절절한 시

생명이신 그분과 함께 살면

어리는 모든 숨결이
하늘의 입김

ㅁ내가 곧 길이요 진리요 생명이니
나로 말미암지 않고는 아버지께로 올 자가 없느니라(요14:6)

–'화음' 전문

인용한 '화음'의 구성을 보면 시 제목, 시 본문, 관련 성구로 되어 있다. '화음'의 내용은 그분은 길이요, 진리요, 생명이기에 그

분과 함께 걸으면 모든 사람이 길이 되고, 들리는 모든 음성이 절절한 시가 되고, 어리는 모든 숨결이 하늘의 입김인 것이다. 이는 요한복음 14:6의 "내가 곧 길이요 진리요 생명이니 나로 말미암지 않고는 아버지께로 올 자가 없느니라"라는 말씀을 시적인 상상력을 통하여 해석한 것인 바, 신학적 해석과 달리 리듬이 있고 메타퍼가 있는 창조적 해석이라는 데서 시적 창조성을 더하며 새로운 감동으로 다가온다. 이처럼 정연홍 시인의 이번 시집은 철저히 성경 말씀에 근거하고, 성경 말씀을 시적인 상상력으로 재해석하여, 성경시와 신앙시의 세계를 새롭게 하고 있는데 특히 이번 시집에서 드러내고 있는 주제는 다음 몇 가지로 정리할 수 있다.

첫째로 '녹시'에서 볼 수 있듯이 사슴이 시냇물을 찾는 시학, 이는 개인적으로는 인간의 근원적인 결핍이나 신앙인의 진리에 대한 갈망은 물론, 민족적 또는 인류적 소망에 대한 메타퍼이기도 하기에 정연홍 시인의 시적 관심은 민족적이고, 역사적 현실에 나타나는 역경과 부조리에도 예리한 비판력을 보인다.

둘째로는 사랑과 정의에 대한 관심이다. 사랑과 정의에 관한 시는 '사랑의 증거', '대하시' 등 서사적인 이야기 시에서 에스더를 통한 나라 사랑과 악에 대한 하나님의 정의를 잘 드러내고 있지만 단편적인 서정시에서도 '사랑은 정의', '금언은 눈물 한 줄', '사랑은 부활' 등에서도 사랑과 정의가 집요하게 탐색되고 있다. 그중에서도 아들 예수 그리스도를 십자가에 못 박아야 하는 하나님의 사랑과 정의가 크게 부각되고 있다.

흠도 티도 없는
아들을 못 박을 때
아버지의 심장은
얼마나 떨렸을까

그 통증의 시간들을
그 슬픔의 시간들을

가난한 사람을 위해
가난하게 살았고

상처난 이를 위해
상처를 입었고

죄인을 구하기 위해
죄인으로 죽었다

사랑은 정의

정의로 밖에는
세울 수 없는
사랑의 십자가

—'사랑은 정의'에서

흠도 티도 없는 아들을 못 박아야 하는 아버지의 사랑과 정의는 무엇인가. 그것은 죄인을 구하기 위해 죄인으로 죽어야하는 역설적인 사랑에 있음을 말하는 것으로 그것이 바로 십자가의 사랑이고 십자가의 정의이기도 하다.

셋째로는 말씀에 대한 관심이다. 말씀에 대한 관심은 '가장 귀중한 선물'에서 보여주는 말씀교회의 이야기에서 시작되는데 단편적인 서정시에서도 '말씀교회', '육신이 된 말씀', '산떡', '말씀 바다', '꿈과 말씀', '말씀의 집'등이 있다. 사실 이번 시집의 테마인 녹시도 따지고 보면 말씀에 대한 열정의 표현이다. 그것은 모든 신앙인이 가져야 할 제일의 덕목이기도 하지만 특히 주님의 복음사역에 대한 핵심도 말씀에 있다는데서 말씀의 시가 갖는 의미는 더욱 값진 것이다.

말씀이
부슬부슬 내리는
바닷가에서

말씀의
그물을 던져
가지각색의
곤고한 생을
건지시는 분

말씀의
배를 띄워
형형색색의
가난한 마음을
담으시는 분

그분을 만난
깊고 푸른
갈릴리 바다는

그분의
아름다운 모습을 담아
말씀으로 물든다

-'말씀 바다' 전문

말씀 바다는 사슴의 시냇물과 더불어 진리를 갈망하는 계시적이고도 시적인 대표적 메타포다. 바다는 모든 물의 원천이고 모든 말씀의 깊이와 넓이를 갖는 세계다. 그러기에 주님은 바닷가에서 말씀을 건지고, 제자를 삼고, 말씀을 선포하셨다. 말씀 바다에는 무수한 생명이 있고, 진리가 있고, 말씀으로 물들어가는 말씀의 기적이 있기 때문이다.

네번째로 관심을 보이고 있는 것은 역시 신앙적인 시학이다. '녹시'도 그렇거니와 '시를 위한 기도'에서도 시편을 통한 시인의 진지한 시학을 표명하고 있다. 또한 단편적인 서정시에서도 '시(1)', '시(2)', '영혼의 시', '탄원시'등을 통하여 시인의 시학이 무엇인가를 잘 보여주고 있다.

모든 시는
그 창작 과정에서 하나님의 영감을 받아야 한다

그 분의 소리 없는 소리를 들어야 한다

신(神)과의 교감 없는 시는
생명감이 없다

다윗의 시가 대대로 살아서 호흡하는 것은
신(神)과의 일체감 때문이다

—'시를 위한 기도'에서

야훼는
나의 시
나의 기도

당신의 눈물로 자란
여리디 여린 시로

마음이 가난한 영혼 속에
샘솟는 위로가 스미게 하소서

당신의 말씀으로 튀겨낸
맑디 맑은 시로

진한 고통의 강을 건너가는 영혼 속에
다사로운 등불이 켜지게 하소서

한평생 당신을 품은
푸르디 푸른 시로

고뇌하는 영혼 속에
푸른 예수가 서리게 하소서
—'시를 위한 기도' 전문

시는

늘 품고 다니며
벼리고 갈고 닦는

말씀의 칼 끝

폐부를 찌르고
관절을 잘라

핏덩이 언어로
거룩한 뜻을 새기며

마음을 열고
영혼을 갈라

간절한 영으로
견고한 사랑을 파는

신(神)의 끌

— '시(1)' 전문

'시를 위한 기도'에서는 정연홍 시인의 시학을 총체적으로 보여주고 있다. 모든 시는 하나님의 영감으로 이루어진다는 것이다. 뿐만 아니라 그분의 소리 없는 소리, 그분을 통해서 계시되는 의미를 감지할 수 있는 믿음의 청력이 필요하다는 것이다. 그리하여 궁극적으로 시는 신과의 교감, 신과의 일체감이라는 결론이다. 그러기에 '시를 위한 기도'에서 시인의 시적 신념은 "야훼는 / 나의 시/ 나의 기도"로 고백된다. 당신의 눈물로 자란 여린 시, 말씀으로 튀겨낸 맑은 시, 당신을 품은 푸른 시가 되기를 소망한다. '시(1)'에서는 시는 말씀의 칼이 되어 폐부를 찌르고 관절을 잘라 거룩한 하나님의 뜻을 세우고, 마음을 열고 영혼을 갈라 사랑을 파는 신의 끌이 되어야한다고 했다. 이는 하나님의 뜻에 따라 사랑을 실천하고 정의를 세우는 기독교시, 신앙시의 본질과 역할과 기능을 예리하게 지적한 시학이라고 해야 할 것이다.

이처럼 정연홍 시인의 이번 시집「녹시」가 보여주는 시학은 기독교적 신앙과 소망의 정채 있는 표현이기도 하지만 성경시와 신앙시를 통하여 기독교시가 가야할 새로운 세계를 독특하게 도전하고 실천하였다는데서 신선한 충격과 깊이 있는 시학의 의미를 공감하게 한다.

녹시

초판인쇄 | 2011년 1월 25일
초판발행 | 2011년 1월 31일

지은이 | 정연홍(www.jeongsomoon.com)
펴낸이 | 유화선

펴낸곳 | 도서출판말씀(www.malsseum.com)
e-mail | malsseum@malsseum.com
출판등록 204-91-88718 | 대표 정연홍
서울시 중랑구 중화동148-70
Tel (02)433-1433 Fax (02)433-9033

값 12,000원

하나님은 사랑이시라

하나님은 사랑이시라

하나님은 사랑이시라

하나님은 사랑이시라

하나님은 사랑이시라

하나님은 사랑이시라